国际货运代理
实务操作（第四版）

主　编　张为群
副主编　李贤明

GUOJI HUOYUN DAILI
SHIWU CAOZUO

西南财经大学出版社
Southwestern University of Finance & Economics Press

图书在版编目(CIP)数据

国际货运代理实务操作/张为群主编. —4 版. —成都:西南财经大学出版社,2019.7

ISBN 978-7-5504-3785-2

Ⅰ.①国… Ⅱ.①张… Ⅲ.①国际货运—货运代理—高等职业教育—教材 Ⅳ.①F511.41

中国版本图书馆 CIP 数据核字(2018)第 244270 号

国际货运代理实务操作(第四版)

主　　编:张为群
副主编:李贤明

责任编辑:王琳
责任校对:田园
封面设计:杨红鹰　张姗姗
责任印制:朱曼丽

出版发行	西南财经大学出版社(四川省成都市光华村街 55 号)
网　　址	http://www.bookcj.com
电子邮件	bookcj@foxmail.com
邮政编码	610074
电　　话	028-87353785
照　　排	四川胜翔数码印务设计有限公司
印　　刷	郫县犀浦印刷厂
成品尺寸	185mm×260mm
印　　张	9.75
字　　数	216 千字
版　　次	2019 年 7 月第 4 版
印　　次	2019 年 7 月第 1 次印刷
印　　数	1—2000 册
书　　号	ISBN 978-7-5504-3785-2
定　　价	25.00 元

第四版
前　言

本教材共七章，包括了国际货物运输主要方式的货运代理业务流程及相关单证。

编写分工如下：张为群编写第一、二、四、五章；赵周平编写第三章；陈秀编写第七章第一节；李贤明编写第六章和第七章第二节；张为群担任主编。

在编写过程中引用了大量专家、学者的资料，在此我们表示衷心的感谢。

由于水平有限，错误和疏漏在所难免，敬请读者和同行批评指正。

目 录

目 录

2

第一章
海运运费计算

提示：

通过本章的学习，学生应能掌握海洋运输中杂货班轮运费的计算方法和集装箱班轮运费的计算方法。

海洋运输是指用船舶通过海上航道运送货物和旅客的一种运输方式。海洋运输是国际贸易中最主要的运输方式，国际贸易总运量中 2/3 以上、我国进出口货物总量的 90% 都是利用海上运输的。目前国际海洋船舶营运方式可分为两大类：班轮运输（定期船运输）和租船运输（不定期船运输）。

第一节　班轮运价及运价表

一、班轮运输的概念

班轮运输（Liner Shipping）又称定期船运输，是指班轮公司将船舶按事先制订的船期表，在特定航线的各挂靠港口之间，为非特定的众多货主提供规则的、反复的货物运输服务，并按运价本或协议运价的规定计收运费的一种营运方式。

二、班轮运输的特点

（1）具有"四固定"的特点，即固定航线、固定港口、固定船期和相对固定的费率。这是班轮运输的基本特征。

（2）班轮运价内包括装卸费用，即货物由承运人负责配载装卸，承运人和托运人双方不另外计滞期费和速遣费。

（3）承运人对货物负责的期间是从货物装上船起，到货物卸下船时止，即"船舷至船舷"或"钩至钩"。

（4）承运人和托运人双方的权利、义务和责任豁免以签发的提单条款为依据，并受统一的国际公约制约。

由于班轮运输具有上述特点，采用这种运输经营方式极大地方便了货主，有利于一般杂货和不足整船的小额贸易货物的运输。"四固定"的特点使得时间有保证，运价固定，为贸易双方洽谈价格和装运条件提供了方便。而事先公布船期、运价费率，有利于贸易双方达成交易，减少磋商内容。此外，其手续简便，有利于促进国际贸易的发展。

三、班轮运价和运价表

（一）班轮运价

班轮运费是承运人为承运货物而收取的报酬。计算运费的单价（或费率）则称班轮运价。班轮运价包括货物从起运港到目的港的运输费用以及货物在起运港和目的港的装、卸费用。班轮运价一般是以运价表的形式公布的，比较固定。它由基本运费和各种附加运费构成。

（二）班轮运价表

1. 班轮运价表的分类

从运价表的制订来划分：

（1）班轮公会运价表——由班轮公会制订的运价表，亦为参加公会的班轮公司所使用，规定的运价比较高，是一种垄断性的价格，承运的条件也有利于船方。如远东水脚公会运价表属于班轮公会运价表。

（2）班轮公司运价表——由班轮公司自己制订的运价表，如中远集团运价表。

（3）货方运价表——由货方制定、船方接受使用的运价表。能制订运价表的货方，一般是较大的货主，并能保证常年有稳定的货源供应。中外运的运价表即属货方运价表。

2. 班轮运价表的内容

班轮运价表一般包括以下内容：

（1）说明及有关规定：这部分内容主要是该运价表的适用范围、计价货币、计价单位及其他的有关规定。

（2）港口规定及条款：主要是将一些国家或地区的港口规定列入运价表内。

（3）货物分级表：列明各种货物所属的运价等级和计费标准。

（4）航线费率表：列明不同的航线及不同等级货物的基本运费率。

（5）附加费率表：列明各种附加费及其计收的标准。

（6）冷藏货费率表及活牲畜费率表：列明各种冷藏货物和活牲畜的计费标准及费率。

3. 实务范本

实务范本见表1-1、表1-2。

表1-1　　　　　　　　　　　　班轮货物分级表（节选）

CLASSIFICATION OF COMMODITIES GENERAL CARGO

COMMODITY	BASIS	CLASS
…	…	…
Fishing Implements	M	9
Fish, Shrimps, dried, brined	W	13
Flint	W	3
Flour	W	5

表 1 – 1（续）

COMMODITY	BASIS	CLASS
Fluorspar	W	4
Footwear, N. O. E.	M	11
Fruits, dried	M	11
Fruits, fresh	M	7
Fruit, juice	M	8
…	…	…

表 1 – 2　　　　　　　班轮航线费率表（中国—加拿大）节选

SCALE OF CLASS RATES FOR CHINA – CANADA SERVICE

In H. K. Dollars

West Canada East Canada Class	Halifax Vancouver	Montreal, St. John	Quebec, Toronto Hamilton
1	150. 00	177. 00	193. 00
2	159. 00	185. 00	202. 00
3	167. 00	193. 00	211. 00
4	175. 00	201. 00	220. 00
5	183. 00	215. 00	235. 00
6	194. 00	231. 00	252. 00
7	205. 00	248. 00	270. 00
8	219. 00	264. 00	288. 00
9	235. 00	283. 00	309. 00
10	257. 00	305. 00	333. 00
11	285. 00	337. 00	368. 00
12	317. 00	373. 00	407. 00
13	350. 00	414. 00	451. 00
14	383. 00	454. 00	496. 00
15	416. 00	495. 00	540. 00
16	449. 00	536. 00	585. 00
17	492. 00	591. 00	644. 00
18	547. 00	645. 00	704. 00
19	629. 00	735. 00	802. 00
20	711. 00	844. 00	920. 00
Ad. Val	4%	4%	4%

第二节　班轮运价的计算

一、班轮运价的计算标准

(1)按货物的毛重计收。在运价表中,以字母"W"(Weight)表示。一般以一公吨为计算单位。

(2)按货物的体积计收。在运价表中,以字母"M"(Measurement)表示。一般以一立方米为计算单位。

(3)按货物的毛重或体积计收运费,计收时取其数量较高者。在运价表中以"W/M"表示。按惯例一重量吨货物的体积超过 1 立方米或 40 立方英尺(1 立方英尺约等于0.028 3 立方米,下同)者即按体积收费;一重量吨货物其体积不足 1 立方米或 40 立方英尺者,按毛重计收。

(4)按货物的价格计收运费,又称从价运费。在运价表中以"Ad. Val"表示。一般按商品的 FOB 货价的百分之几计算运费。按从价计算运费的,一般都属价值高的货物。

(5)按货物重量或体积或价值三者中最高的一种计收。在运价表中以"W/M or Ad. Val"表示,也有按货物重量或体积计收,然后再加收一定百分比的从价运费。在运价表中以"W/M plus Ad. Val"表示。

(6)起码运费和起码提单(Minimum Charge and Minimum B/L):每张提单应收的最低运费称起码运费;按起码运费收运费的提单叫起码提单。件杂货和拼箱货一般不足一个运费吨的货物,按起码运费收费。

海运以重量吨或尺码吨计算运费,统称运费吨(F. T)。

二、班轮运费的计算(杂货班轮运费计算,集装班轮运费计算)

班轮运费由基本运费和各种附加费构成。基本运费是指对运输每批货物必须收取的运费。附加费是对一些需要特殊处理的货物或由于客观情况的变化运输费用大幅度增加,班轮公司为弥补损失而额外加收的费用。附加费的种类很多,但各种附加费的计算方法主要有两种:一种以百分比计算,即在基本费率的基础上增加一个百分比;另一种是用绝对数表示,就是每运费吨增加若干费用。班轮运价费的计算包括杂货班轮运费计算和集装班轮运费计算。

(一)杂货班轮运费的计算方法

1. 杂货班轮运费的计算公式

杂货班轮运价由基本运费和各种附加运费构成。

(1)在没有任何附加费的情况下,其计算公式如下:

$F = f \times Q$

式中:

F——运费总额;

f——基本运费率;

Q——货运量。

(2)在有各种附加费而且附加费按基本费率的百分比收取的情况下,其计算公式如下:

$$F = fQ(1 + S_1 + S_2 + S_3 + \cdots + S_n)$$

式中 $S_1, S_2, \cdots, S_n$ 为各项附加费的百分比。

(3)在各项附加费按绝对数收取的情况下,其计算公式如下:

$$F = fQ + (S_1 + S_2 + S_3 + \cdots + S_n) \times Q$$

式中 $S_1, S_2, \cdots, S_n$ 为各项附加费的绝对数。

2. 计算举例

【例1-1】四川某物流公司为上海某公司代理一批全棉坯布的出口运输,货物毛重为 102.00 公吨,尺码为 304.00 立方米,目的港为新加坡,试计算出口运费总额为多少美元。当代理费为运费的 3% 时,求代理费是多少美元(见表1-3、表1-4)。

表1-3　　　　　　　　　　货物分级表(节选)

COMMODITIES (货名)	CLASS (级别)	BASIS (计费标准)
COMPUTER AND DUPLICATOR (计算机和复印机)	12	W/M
COTTON GOODS AND PIECE GOODS (棉布及棉纱)	10	M
COTTON THREAD AND YARN (棉线及棉纱)	9	M
…	…	…

表1-4　　　　　　　　　　费率表(节选)

亚 洲 散 货

中国香港、日本、新加坡、马来西亚、泰国、印度尼西亚

Hongkong	Hongkong
Japan	Kawasaki Kobe Moji Nagoya Osaka Shimizu Tokyo Yokohama Yokkaichi
Singapore	Singapore
Malaysia	Port Kelang　Penang
Thailand	Bangkok
Indonesia	Djakarta(Jakarta)Semarang　Surabaya　Medan

货物等级 Class	运费率 Hongkong US $/FT	运费率 Japan US $/FT	运费率 Singapore US $/FT	运费率 Malaysia US $/FT	运费率 Thailand US $/FT	运费率 Indonesia US $/FT
…	…	…	…	…	…	…
9	23.00	51.50	35.00	38.00	35.00	34.00
10	24.00	52.00	36.00	39.00	36.00	36.00
11	24.50	53.00	37.00	40.00	37.00	37.00
…	…	…	…	…	…	…

解:(1)查货物分级表知全棉细坯布为 10 级,计算标准为 M。

(2)从中国内地到新加坡的费率表查得 10 级货物的基本费率为 36 美元。

(3)代入计算公式:

$$F = f \times Q$$
$$= 36.00 \times 304.00$$
$$= 10\ 944.00(美元)$$

(4)代理费:$10\ 944.00 \times 3\% = 328.32$(美元)

答:这批全棉坯布的出口运费是 10 944.00 美元,代理费是 328.32 美元。

【例 1 - 2】某货轮从广州港装运蛋制品直航英国伦敦,毛重是 20 吨,共计 22 立方米,蛋制品为 12 级货,按"W/M"标准计费,每运费吨基本费率是 116 元,燃油附加费按 35% 计,另有直航附加费每运费吨 18 元,求总运费是多少元。

解:计费标准是"W/M",且 22 > 20,按 22 运费吨计费。

$$F = 116 \times 22 \times (1 + 35\%) + 18 \times 22 = 3\ 841.20(元)$$

答:这批货物的出口总运费是 3 841.20(元)。

(二)集装箱班轮运费的计算

1. 基本运费的计算方法

(1)采用与计算普通杂货班轮运费相同的方法,对具体的航线按货物的等级和不同的计费标准来计算运费,主要用于拼箱货。

(2)包箱费率。根据具体航线,按货物的等级、箱型、尺寸的包箱费率来计算运费;或仅按箱型、尺寸而不考虑货物种类和级别的包箱费率来计算运费。

2. 计算举例

【例 1 - 3】一票货物从张家港出口到欧洲费力克斯托,经上海转船,$2 \times 20'$ FCL,上海到费力克斯托的费率是 USD 1 850.00/20',张家港经上海转船,基本费率在上海直达费力克斯托的费率基础上加 USD 100/20',另有货币贬值附加费 10%,燃油附加费 5%。问:托运人应支付多少运费?

解:基本运费 $= (1\ 850 + 100) \times 2 = 3\ 900$(USD)

燃油费 $= (1\ 850 + 100) \times 5\% \times 2 = 195$(USD)

货币贬值附加费 $= (3\ 900 + 195) \times 10\% = 409.5$(USD)

总额 $= 3\ 900 + 195 + 409.5 = 4\ 504.5$(USD)

答:托运人应支付运费 USD 4 504.5。

三、计算训练

1. 从天津港运往汉堡/不来梅/伦敦港毛巾一批计 300 箱,每箱重量为 60kg,每箱体积为 0.1 立方米。查费率表得知该货物的计费标准为 W/M 6 级,该航线的基本费率为每吨 120 美元,另有港口附加费每吨 14 美元,选卸港附加费 30%,燃油附加费 15%,求该批货物的总运费。

2. 某进出口公司委托一国际货运代理企业代办一小桶货物以海运方式出口国外。货物的重量为 0.5 吨,小桶(圆的)的直径为 0.7 米,小桶高为 1 米,货代最后为货主找到一杂货班轮公司实际承运该货物。货代查了船公司的运价本,运价本中对该货物运输航线、港口、运价等的规定为:基本运价是每运费吨 100 美元(USD 100/Freight Ton);燃油附加费按基本运费增收 10%（BAF10%）；货币贬值附加费按基本运费增收 10%（CAF10%）；计费标准是"W/M"；起码提单按 1 运费吨计算（Minimum Freight：one freight ton）。你作为货运代理人，请计算该批货物的运费并告诉货主以下内容：

(1)货物的计费吨(运费吨)是多少？

(2)该批货物的基本运费是多少？

(3)该批货物的附加运费是多少？ 总的运费是多少？

3. 某公司向日本出口冻驴肉 30 公吨，共需装 1 500 箱，每箱毛重 25kg，每箱体积为 20cm×30cm×40cm。原对日报价每箱 FOB 新港 30 美元，日商回电要求改报 CFR 神户。问该批货物的运费是多少？CFR 价每箱应为多少美元(设去日本航线每运费吨的运价为 144 美元，计费标准是"W/M")？

4. 由天津新港运往莫桑比克首都马普托门锁 500 箱，每箱体积为 0.025m³，毛重为 30kg，计费标准是"W/M"。问该批门锁的运费为多少(设去马普托每运费吨的运费为 450 港元，另加收燃油附加费 20%，港口附加费 10%)？

5. 某出口公司向马来西亚出口大型机床一台，其毛重为 7.5 公吨，目的港为巴生港或槟城。运送机床去新马航线的基本费率每一运费吨为 1 500 港元，另加收超重附加费每运费吨 28 港元，选港费 20 港元。问该机床的运费为多少？

6. 设我按 CFR 价格条件向西非加那利群岛的那斯帕耳马斯(Las Palmas)出口洗衣粉 100 箱。该商品的内包装为塑料袋，每袋 1 磅；外包装为纸箱，每箱装 100 袋。箱的尺寸为：长 47cm、宽 39cm、高 26cm。查费率表得知该货物为 5 级货，计费标准为 M，每尺码吨基本运费为 367 港元，另加转船费 15%、燃油附加费 33%、港口拥挤费 5%。问应如何计算该批货物的运费？

7. 某轮从广州港装载杂货——人造纤维(体积为 20 立方米，毛重为 17.8 公吨)运往欧洲某港口，托运人要求选择卸货港 Rotterdam 或 Hamburg，Rotterdam 和 Hamburg 都是基本港口，基本运费率为 USD 50.0/FT，两个以内选卸货港的附加费率为每运费吨加收 USD 3.0，计费标准为"W/M"。请问：

(1)托运人应支付多少运费(以美元计)？

(2)如果改用集装箱运输，海运费的基本费率为 USD 1 100/TEU，货币附加费 10%，燃油附加费 10%/USD，改用集装箱运输后，该托运人应支付多少运费(以美元计)？

(3)不计杂货运输和集装箱运输两种方式的其他费用，托运人从运费考虑，是否应选择改用集装箱运输？

8. 上海向巴西出口衬衣 100 立方米，需经香港转船运往目的港。假定该货物等级为 10 级，计费标准为"M"，第一程运费为每立方米 25 美元，第二程为 140 美元/F. T，中转费为 75 港元/F. T(美元同港元的比率为 1∶7.8)，燃油附加费按基本运价的 10% 计算，求该批衬衣应付的运费总额。

9. 中国某港运往南斯拉夫里耶卡港(非基本港)的货物需要在马赛或热那亚转船，除去一程运费要加收 13% 的燃油附加费外，所加收的转船附加费(基本运费的 50%)也要加收 13% 的燃油附加费。这批货物相关数据分别为 2 公吨、4 立方米、M8 级，一程运价为 213.5 港元，二程运价为 50 港元，求全程运费。

第二章
班轮货物运输代理业务流程

提示:

通过本章的学习,学生不仅能熟悉杂货和集装箱班轮货物运输代理业务流程,还能掌握各个货物运输代理业务流程中运输单证的填制方法。

班轮货物运输代理业务流程分为散杂货班轮货运代理业务程序和集装箱货运代理业务流程。其基本业务流程如图 2-1 所示:

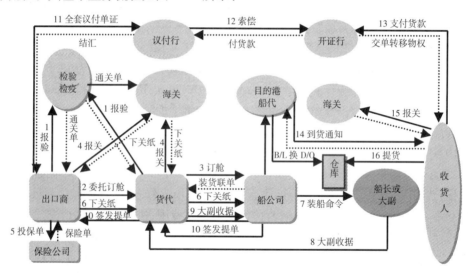

图 2-1 海运货物及单证主要流程示意图

说明:

货物出口各主要环节所需单证如下:

1. 检验、检疫:出境货物报验单。随附单证:合同、信用证副本、商业发票、装箱/重量单、厂检单等。返回通关单。

2. 委托订舱、租船:①海运出口货物代运委托书(Shipping Note,S/N)。出口企业向货代提出订舱委托。②订舱委托书(Booking Note),即托运单(B/N)。货代向船代或船公司提出配舱委托。③装船回单。船公司配载后,在订舱委托书上编号(将来的提单号),盖章并连同装货单(Shipping Order,S/O)退还给货代,表示承运,同时运输合同成立。货代将装货单交给托运人(指出口企业自行报关情况)。

3. 货物报关:进出口货物报关单。随附单证:船公司签署的装货单(S/O)、合同或信用证副本、通关单、发票、装箱/重量单、出口收汇核销单、出口许可证(必要时)、配额许可证(必要时)、进/来料加工手册(必要时)等。海关在装货单上盖章放行,并将装箱单退还报关人(货代或出口企业)。

4a. 货物保险:投保单、保险单。出口企业收到船公司配舱回单后,立即向当地保险公司投保,保险公司同意承保后,返还盖章投保单。出口企业缮制保险单。

4b. 货物运输:①装船命令即下关纸。出口企业或货代持海关盖章并由船公司或船代理签署的装货单(俗称下关纸),要求船公司装货。②船长收据(Master's Receipt)或大副收据(Mate's Receipt)。货装船后,船上船长或大副签署收据,并注明包装情况,交还货代。③海运提单。货代持大副收据,向船公司换取正本已装船提单,并支付运费。④出口企业(委托货代报关的)向货代支付运费,取得全套已装船提单,凭此结汇。

若出口企业自行租船、订舱,自行报关,单证流转程序略有改变,但基本程序不变。

第一节 海运散杂货出口货运代理业务程序

一、散杂货班轮出口货代业务程序

海运出口货运代理业务的全过程是从承揽和接受货物开始,安排货物装船,运至国外目的地,直至将货物送交收货人。其基本业务流程见图2-2。

(一)揽货和接受委托

在竞争激烈的货代业务中,大多数货运代理以广告、优质服务等来争取更多的货源,也有用降低运费或以不同名目的回扣、暗扣等手段来争取货源的。大的货运代理与班轮公司和发货人都有临时或长期的代理协议(出口货物代运委托书),如此既保证了班轮公司的利益,又保证了货物能及时出运。

1. 海运出口货物代理委托书

海运出口货物代理委托书简称委托书,具有如下两种功能:

其一,海运出口货物代理委托书是委托方(出口企业)向被委托方(货运代理人)提出的一种要约,被委托方一经书面确定就意味着双方之间契约行为的成立,因此代理委托书应由委托单位盖章,以便成为有效的法律文件。货运代理人接到代理委托书后,要对委托书认真审核,如不能接受或某些要求无法满足,应及时做出回应,以免耽误船期,承担不必要的法律责任。

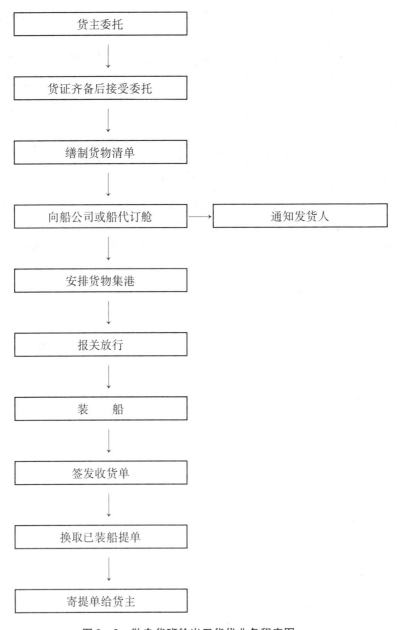

图 2-2　散杂货班轮出口货代业务程序图

其二,海运出口货物代理委托书是货运代理的工作依据,应详细列明托运的各项资料及委托事项和工作要求。

2. 出口货物代理委托书格式

委托书格式如表 2-1 所示:

表 2 - 1　　　　　　　　　　海运进出口货物代运委托书

委托编号		提单号		合同号		委托日期	
发货人名称地址				唛头标记			
收货人名称地址							
通知方名称地址							
货物详细情况							
编号	件数及包装		货物说明		重量		体积
装船日期			可否转船		可否分批装运		
结汇期限			提单份数		正本	副本	
运费及支付地点							
备注							
委托人签字				货运代理或承运人签字			
地址 电话				地址 电话			

3. 填制方法

（1）委托单位编号：出口企业与货运代理间商定的对口编号，一般为出口发票编号。

（2）提单号：不填，待接受委托、订舱后填写。

（3）合同号和委托日期：如实填写。

（4）发货人名称地址：按信用证或合同规定填写，一般为信用证的受益人，即出口商。

（5）收货人名称地址：按信用证或合同规定填写，一般为 To Order 或 To Order Of ×××。

（6）通知人名称地址：按信用证或合同规定填写。如信用证未作具体规定，一般正本留空不填，副本填信用证的开证申请人。

（7）装货港和目的港：按信用证或合同规定填写。

（8）船名：不填。

（9）件数及包装式样：一般件杂货以件数作为数量单位，如一批货物有两种或两种以上的包装形式,需标明每种包装的数量和各种包装相加的总数;大宗散装货应注明吨数和散装(In Bulk)字样。

(10)货物说明:按信用证或合同规定填写,这是制作提单的依据。

(11)重量/体积:填写实际货物的总毛重和总体积。

(12)需要的提单份数:按信用证规定填写;如信用证规定为全套,则正本为一式三份。

(13)运费支付地点:填写信用证规定的缴付方法,或"Freight Prepaid(运费预付)"或"Freight To Collect(运费到付)"。

(14)代发装船电报、地址:一般为买方的电报、地址。

(15)备注:填写信用证中对提单内容的特殊要求或委托人对货运代理的要求。

4. 海运进出口货物代运委托书填制

(1)用此信用证作为本节操作实例的依据。

MT S700	ISSUE OF A DOCUMENTARY CREDIT
FORM OF DOC CREDIT	*40A:IRREVOCABLE
DOC CREDIT NUMBER	*20:T－057651
DATE OF ISSUE	*31C:050616
EXPIRY	*31D:DATE 050731 PLACE AT THE NEGO BANK
APPLICANT	*50:ABC TRADING P. O. BOX 1236,60078 SIBU, MALAYSIA
BENEFICIARY	*59:SICHUAN XIHUA IMPORT AND EXPORT COMPANY LTD. NO. 107 WENHUA ROAD CHENGDU,CHINA
AMOUNT	*32B:CURRENCY USD AMOUNT 10 800. 00
AVAILABLE WITH/BY	*41D: ANY BANK BY NEGOTIATION
DRAFTS AT...	*42C:SIGHT
DRAWEE	*42A:HOCK HUA BANK BERHAD SIBU,MALAYSIA
PARTIAL SHIPMENTS	43P: ALLOWED
TRANSSHIPMENT	43T: ALLOWED
LOADING IN CHARGE	44A: CHINA
FOR TRANSPORT TO...	44B: SIBU,MALAYSIA
LATEST DATE OF SHIP	44C: 050718
DESCRIPT OF GOODS	45A:AGRICULTURAL IMPLEMENT 300 DOZEN S301B SHOVEL 200 DOZEN S302B SHOVEL AT USD 21. 60 PER DOZEN CIF SIBU
DOCUMENTS REQUIRED	46A: * SIGNED COMMERCIAL

INVOICE IN THREE FOLD

* PACKING LIST AND WEIGHT
NOTE IN THREE FOLD

* FULL SET OF CLEAN ON BOARD OCEAN
BILLS OF LADING MADE OUT TO ORDER OF
HOCK HUA BANK BERHAD AND ENDORSED
IN BLANK MARKED FREIGHT PREPAID AND
NOTIFY APPLICANT

* MARINE INSURANCE POLICY/CERTIFICATE
ENDORSED IN BLANK FOR FULL CIF VALUE
PLUS 10 PERCENT SHOWING CLAIMS IF ANY
PAYABLE AT DESTINATION IN THE CURREN-
CY OF THE DRAFT COVERING ALL RISKS
AND WAR RISK AS PRE CIC

* CERTIFICATE OF ORIGIN

* COPY OF FAX SENT BY BENEFICIARY TO
THE APPLICANT ADVISING DESPATCH
WITH SHIP'S NAME BILL OF LADING NUM-
BER AND DATE AMOUNT AND DESTINA-
TION PORT

ADDITIONAL COND　　　47A：* DOCUMENTS MUST BE NEGOTIATED IN
CONFORMITY WITH THE CREDIT TERMS

* A FEE OF USD 50 OR EQUIVALENT IS TO
BE DEDUCTED FROM EACH DRAWING FOR
THE ACCOUNT OF BENEFICIARY IF DOCU-
MENTS ARE PRESENTED WITH DISCREP-
ANCY(IES)

* COMBINED TRANSPORT B/L ACCEPTABLE

* ONE FULL SET OF NON-NEGOTIABLE SHIP-
PING DOCUMENTS MUST BE FORWARDED
TO THE APPLICANT IMMEDIATELY AFTER
SHIPMENT A BENEFICIARY'S CERTIFICATE
TO THIS EFECT IS REQUIRED

DETAILS OF CHARGES　　71B：ALL BANKING CHARGES INCLUDING REIM
CHARGE OUTSIDE MALAYSIA ARE FOR AC-
COUNT OF BENEFICIARY

PRESENTATION PERIOD　48：WITHIN 15 DAYS AFTER THE
DATE OF SHIPMENT BUT WITHIN THE VALIDITY
OF THE CREDIT

CONFIRMATION　　　　*49：WITHOUT

13

REIMBURSING BANK   53A：UNION BANK OF CALIFORNIA

                                        INTERNATIONAL NEW YORK，U. S. A

INSTRUCTIONS   78：ALL DOCS MUST BE MAILED TO HOCK HUA

                                          BANK BERHAD，SIBU BY COURIER IN ONE LOT

SEND TO REC INFO   72：THIS IS OPERATIVE INSTRUMENT

                                          THIS CREDIT IS SUBJECT TO UCP（1993 REV）

                                          I. C. C PUB 500

                                          REIMBURSEMENTS UNDER THIS CREDIT ARE

                                          SUBJECT TO THE URR NO. 525

其他资料：

INVOICE NO：HYL—B008

500 DOZEN IN 500 GUNNY BAGS

S/C NO：2005AG018

B/L NO：CPS5501

INSURANCE POLICY NO：ZC32/20051865

VESSEL：DONGENG V. 122

SHIPPING MARK：ABC/SIBU/NOS. 1—500

MEASUREMENT：$46m^3$

TOTAL G. W：120 000. 00KGS

            N. W：110 000. 00KGS

PORT OF LOADING：SHANGHAI

代运编号：TBB230   托运单编号：086

代理人：SINOTRANS SICHUAN CO SICHUAN BRANCH 李明

地址（Address）：16 XINHUA ROAD CHENGDU，CHINA

电话（Telephone）：028－86753769

委托人电话（Telephone）：028－87632168

（2）海运进出口货物代运委托书填制实例见表2－2。

表 2 - 2　　　　　　　　　　　海运进出口货物代运委托书

委托编号 Entrusting Serial NO: HYL—BOO8	提单号 B/L NO CPS5501	合同号 Contract NO. 2005AG018	委托日 Entrusting Date June 16,2005
发货人名称地址:Shipper(Full Name and Address) SICHUAN XIHUA IMPORT AND EXPORT COMPANY LTD. NO. 107 WENHUA ROAD, CHENGDU, CHINA		唛头标记　　　Shipping Mark ABC SIBU NOS. I – 500	
收货人名称地址:Consignee (Full Name and Address) TO ORDER OF HOCK HUA BANK BERHAD			
通知方名称地址:Notify Party (Full Name and Address) ABC TRADING P. O. BOX1236,60078 SIBU,MALAYSIA			

装货港 Port of Loading SHANGHAI	目的港 Port of Destination SIBU	船名 Vessel　Name		
编号 Number	件数与包装 NO and Kind of Packages	货物说明 Description of Goods	重量 Weight in KG	体积 Measurement in CBM
TBB230	500 GUNNY BAGS	AGRICULTURAL IMPLEMENT 300　　DOZEN S301B SHOVEL 200　　DOZEN S302B SHOVEL	120 000. 00KGS	46m³

装船日期 Loading Date	可否转船 If Transshipment	可否分批 If Partial Shipment
	Allowed	Allowed

结汇 L/C Expiry Date	提单份数 Copies of B/L　3	正本 Original　　3	副本 Copy

运费及支付地点(Freight Payable at):FREIGHT PREPAID SHANGHAI

备注:
Remark

委托人 (Entrusting Party)签字 Signed to the:

SICHUAN YIHAI IMPORT AND EXPORT COMPANY LTD. 高路

地址(Address):NO. 91 WENHUA ROAD,CHENGDU,CHINA

电话 (Telephone):028 – 87632168

代理人(Agent)签字 Signed to the:

SINOTRANS SICHUAN CO SICHUAN BRANCH　李明

地址（Address):16 XINHUA ROAD,CHENGDU,CHINA

电话（Telephone):028 – 86753769

15

（二）订舱

货运代理人接受委托后,应根据货主提供的贸易合同或信用证条款的规定,或根据货主所填的海运出口货物代运委托书,在货物出运之前的一定时间内,向船公司或船公司在装货港的代理申请订舱,填制订舱委托书(在实际工作中订舱委托书已与托运单合而为一)。海洋运输有两种方式:传统散货运输、现代集装箱运输。两种运输方式分别使用不同格式的托运单。

1. 海运出口(散货)托运单

海运出口(散货)托运单格式如表 2-3 所示:

表 2-3　　　　　　　　　　　　**海运出口托运单**

托运人
SHIPPER ＿＿＿＿＿＿

编号　　　　　　　　船名
NO ＿＿＿＿＿＿＿＿＿＿　　S/S ＿＿＿＿＿

目的港
TO ＿＿＿＿＿

标记及号码 MARKS & NOS	件 数 QUANTITY	货名 DESCRIPTION OF GOODS	重量千克 WEIGHT KILOS	
			净 NET	毛 GROSS
共计件数(大写)TOTAL NUMBER OF PACKAGES IN WRITING				
			运费付款方式	
运费 计算			尺 码 MEASURE- MENT	
备注				
通知		可否 转船	可否 分批	
收 货 人		装期	有效期	
		金额	提单张数	
配货要求		银行编号	信用证号	

托运人或代理人签字:

2. 托运单的填写方法

散货运输托运单是在装货单和收货单(大副收据)基础上发展而成的一种多功能单据,其内容及填制方法如下:

(1)SHIPPER(托运人):此处一般填写出口合同的卖方,信用证支付方式下应与信用证受益人的名称、地址一致。

(2)NO. S/S(编号、船名):此为托运单的顺序编号,船名可留给船方安排船只舱位后填写。

(3)TO(目的港):按合同/信用证规定填写目的港具体名称,遇世界重名港口时,应在港口名称后面加注国名。

（4）MARKS & NOS（标记及号码）：本栏应按合同或信用证规定的内容和形式填写，如没有规定，可由出口商自己编制，没有唛头则填"N/M"。

（5）QUANTITY（件数）：按最大包装实际件数填写，应与唛头中的件数一致。

（6）DESCRIPTION OF GOODS（货名）：本栏填写货物大类名称或统称，与发票（信用证）中的货名一致。运费到付（FREIGHT TO COLLECT）或运费预付（FREIGHT PREPAID）也可借用此栏加以注明。

（7）WEIGHT（重量）：本栏内容是计算船只受载吨位和运费的基础资料，以千克为单位，须分别填写整批货物的毛重和净重。

（8）MEASUREMENT（尺码）：本栏填写整批货物的体积实数，以立方米为单位，是计算运费的主要依据之一，计算应务求准确。

（9）PARTIAL SHIPMENT，TRANSSHIPMENT（分批转船）：本栏应严格按合同或信用证填写"允许"或"不允许"。

（10）DATE OF SHIPMENT，DATE OF EXPIRY（装运期、有效期）：本栏根据信用证规定的最迟装运期和议付有效期分别填写。

（11）CONSIGNEE（收货人）：本栏一般根据信用证要求填写"TO ORDER/TO ORDER OF SHIPPER"。

（12）NOTIFY（通知人）：本栏填写接受船方发出货到通知的人的名称与地址。

（13）备注栏：填写信用证中有关运输方面的特殊要求。

托运单的填写必须清楚、具体，内容必须真实、可靠，与货物、信用证规定一致。

3. 海运出口托运单填写实例

表 2-4 是海运出口托运单填写的一个实例。

表 2-4　　　　　　　　　**海运出口托运单**

托运人

SHIPPER SICHUAN XIHUA IMPORT AND EXPORT COMPANY LTD.
　　　　　　NO. 107 WENHUA ROAD CHENGDU,CHINA

编号　　　　　　　船名

NO 086　　　　S/S

目的港

TO SIBU

标记及号码 MARKS & NOS	件数 QUANTITY	货名 DESCRIPTION OF GOODS	重量（千克）WEIGHT KILOS	
ABC SIBU NOS. I—500	500 GUNNY BAGS	AGRICULTURAL IMPLEMENT 300 DOZEN S301B SHOVEL 200 DOZEN S302B SHOVEL	净 NET 110 000.00 KGS	毛 GROSS 120 000.00 KGS
共计件数（大写）TOTAL NUMBER OF PACKAGES IN WRITING SAY FIVE HUNDRED GUNNY BAGS ONLY			运费付款方式 FREIGHT PREPAID	

运费计算		尺码 MEASURE-MENT			46m³
备注					
通知	ABC TRADING P. O. BOX1236, 60078 SIBU,MALAYSIA	可否转船	ALLOWED	可否分批	ALLOWED
收货人	TO ORDER OF HOCK HUA BANK BERHAD	装期	050716	有效期	050731
		金额	USD 10 800.00	提单张数	THREE (3)
配货要求		银行编号		信用证号	T－057651

托运人或代理人签字:

SINOTRANS SICHUAN CO SICHUAN BRANCH

　　李明　　AS AGENT ONLY

June 18,2005

(三)装船前的准备工作

在通常情况下,根据订舱委托,船公司在指定时间内将指定船舶开抵指定港口受载。在船舶到港之前,货运代理必须做好下列装船准备工作:

(1)将订舱托运单递交给船公司或其代理人,并由船公司或其代理人提供提单号、船名、航次,然后制出装货联单。装货联单包括托运单及留底、装货单、收货单四联。托运单在有效期内经承运人或其代理人签署并以装货单的形式送到托运人手中,便意味着该托运事宜承运人已接受,运输合同成立。有关合同赋予当事人权利、义务与责任,适用承运人提单条款规定。

1)装货单的格式如表 2－5 所示:

表 2－5

装货单

SHIPPING ORDER

托运人

Shipper

编号　　　　　　　　船名

NO.　　　　　　　　S/S

目的港

For

兹将下列完好状况之货物装船后希签署收货单

Received on board the undermentioned goods apparent in good order and condition and sign the accompanying receipt for the same

表2-5(续)

标记及号码 Marks and Nos	件 数 Quantity	货名 Description of Goods	重量(千克) Weight Kilos	
			净 Net	毛 Gross

共计件数(大写)
Total Number of Packages in Writing

日期 时间
Date Time

装入何舱
Stowed

实收
Received

理货员签字 经办员
Tallied By Approved By

2)收货单的格式如表2-6所示:

表2-6 **收货单**
MATES RECEIPT

托运人
Shipper

编号 船名
NO. S/S

目的港
For

兹将下列完好状况之货物装船后希签署收货单
Received on board the undermentioned goods apparent in good order and
condition and sign the accompanying receipt for the same

表 2 - 6(续)

标记及号码 Marks and Nos	件 数 Quantity	货名 Description of goods	重量(千克) Weight Kilos	
			净 Net	毛 Gross

共计件数(大写)
Total Number of Packages in Writing

日期　　　　　　　时间
Date　　　　　　　Time

装入何舱
Stowed

实收
Received

理货员签字　　　　大副
Tallied By　　　　　Chief Officer

(2)货物订妥舱位后,如所代运货物属《检验商品种类表》中需要法定检验和合同或信用证规定由商检机构检验出证的出口商品,出口商委托货运代理办理报验业务时,货运代理在装运前必须到商检机构申请检验。属卖方保险的,即可办理货物运输险的投保手续。保险金额通常是以发票的 CIF 价加成投保。同时货运代理应在装船之前或船舶到港之前将所有货物齐集港口,以便船只到港后能及时装运。

1)货物运输投保单格式如表 2 - 7 所示。

表 2 - 7　　　　　　　　　　货物运输保险投保单

PICC 中国人民保险公司成都分公司
The PEOPLE'S INSURANCE COMPANY OF CHINA, CHENGDU BRANCH
货物运输保险投保单
APPLICATION FORM FOR CARGO TRANSPORTATION INSURANCE

被保险人
INSURED

发票号(INVOICE NO.)

合同号(CONTRACT NO.)

信用证号(L/C NO.)

发票金额(INVOICE AMOUNT) _____ 投保加成(PLUS) _____ 兹有下列货物向_____ 投保。(INSURANCE IS REQUIRED ON THE FOLLOWING COMMODITIES:)

表 2 - 7(续)

标记 MARKS & NOS.	数量及包装 QUANTITY	保险货物项目 DESCRIPTION OF GOODS	保险金额 AMOUNT INSURED

启运日期:　　　　　　　　　　　装载运输工具:

DATE OF COMMENCEMENT _____ PER CONVEYANCE: _____

自_____经_____至

FROM _____ VIA _____ TO _____

提单号:　　　　　　　　赔款偿付地点

B/L NO. : _____ CLAIM PAYABLE AT _____

投保险别:(PLEASE INDICATE THE CONDITIONS &/OR SPECIAL COVERAGES:)

请如实告知下列情况:(如"是"在[　]中打"√""不是"打"×")IF ANY,PLEASE MARK"√"OR "×"

货物种类:袋装[　]　散装[　]　冷藏[　]　液体[　]　活动物[　]　机器/汽车[　]　危险品等级[　]

GOODS:BAG/JUMBO　BULK　REEFER　LIQUID　LIVE ANIMAL　MACHINE/AUTO　DANGEROUS CLASS

集装箱种类:普通[　]　开顶[　]　框架[　]　平板[　]　冷藏[　]

CONTAINER:ORDINARY　OPEN　FRAME　FLAT　REFRIGERATOR

转运工具:海轮[√]　飞机[　]　驳船[　]　火车[　]　汽车[　]

BY TRANSIT:SHIP　PLANE　BARGE　TRAIN　TRUCK

船舶资料:　船籍[CHINA]　船龄[　]

PARTICULAR OF SHIP:　REGISTRY　AGE

备注:被保险人确认本保险合同条款和内容已经完全了解。投保人(签名盖章)APPLICANTS' SIGNATURE

THE ASSURED CONFIRMS HERE WITH THE

TERMS AND CONDITIONS OF THESE INSURANCE

CONTRACT FULLY UNDERSTOOD　　电话(TEL):

投保日期(DATE):　地址(ADD):

2)投保单的填制方法。

货物运输投保单是保险公司接受投保人(被保险人)的投保申请和开立保险单的依据。投保单内容正确与否,不仅影响保险公司出具的保险单内容的正确性,同时还会影响出口商的顺利结汇。货物运输投保单用英文填写,方法如下:

① 被保险人(INSURED)。此栏填写投保人(外贸公司),一般与合同卖方或信用证受益人一致。信用证有要求时应按信用证要求填写。

② 发票、合同、信用证号码(INVOICE NO/CONTRACT NO/LC NO)。此处按实际情况如实填写。

③ 发票金额(INVOICE AMOUNT)。发票金额应按发票实际金额填写(不超过信用证规定的额度)。

④投保加成(PLUS)。一般情况下按合同或信用证填写10%。

⑤标记(MARKS & NOS)。填写实际发运货物包装唛头,应与发票、提单保持一致。

⑥ 数量及包装(QUANTITY)。填写实际发运货物的(最大)包装及件数。

⑦ 保险货物项目(DESCRIPTION OF GOODS)。此处可以使用大类货物名称,但应与提单、发票保持一致(与信用证相符)。

⑧保险金额(AMOUNT INSURED)。此处一般按合同或信用证规定的发票金额的110%计打(小数点后尾数进为整数,使用货币与信用证币种相同)。

⑨ 启运日期、装载运输工具、运输起讫地、提单号码(DATE OF COMMENCEMENT, PER CONVEYANCE,FROM TO,B/L NO)。按实际填写,与提单保持一致。

⑩ 赔款偿付地点(CLAIM PAYABLE AT)。一般为货物最终目的地。

⑪投保险别(CONDITION)。按合同/信用证填写。

⑫货物、集装箱、运输工具种类和船舶资料。按所给选项及实际情况划"√"。

3)投保单的填制实例见表2-8。

表2-8 **货物运输保险投保单**

中国人民保险公司成都分公司
(THE PEOPLE'S INSURANCE COMPANY OF CHINA,CHENGDU BRANCH)
货物运输保险投保单
(APPLICATION FORM FOR CARGO TRANSPORTATION INSURANCE)

被保险人　　SICHUAN XIHUA IMPORT AND EXPORT COMPANY LTD.
(Insured)　　NO. 107 WENHUA ROAD,CHENGDU,CHINA

发票号(INVOICE NO.)　　保险单号 (INSURANCE POLICY NO.)
HYL—BOO8　　　　　　ZC32/20051865
合同号(CONTRACT NO.)　2005AG018
信用证号(L/C NO.)　T-057651
发票金额(INVOICE AMOUNT)USD 10 800. 00
投保加成(PLUS)10%
兹有下列货物向中国人民保险公司成都分公司投保(INSURANCE IS REQUIRED ON THE FOLLOWING COMMODITIES):

标记 (MARKS & NOS.)	数量及包装 (QUANTITY)	保险货物项目 (DESCRIPTION OF GOODS)	保险金额 (AMOUNT INSURED)
ABC SIBU NOS. I—500	500 GUNNY BAGS	AGRICULTURAL IMPLEMENT	USD 11 880. 00

表2-8(续)

启运日期：　　　　　　　　　　　　装载运输工具：

DATE OF COMMENCEMENT ___AS PER B/L___ CONVEYANCE：___DONGENG V.122___

自_____经_____至_____

FROM ___SHANGHAI,CHINA___ VIA _____ TO ___SIBU___

提单号：　　　赔款偿付地点：

B/L NO.：CPS5501 CLAIM PAYABLE AT ___SIBU IN USD___

投保险别(PLEASE INDICATE THE CONDITIONS &/OR SPECIAL COVERAGES)：

All RISKS AND WAR RISK AS PER OCEAN MARINE CARGO AND WAR CLAUSES OF THE PEOPLE'S INSURANCE COMPANY OF CHINA 1/1/1981

请如实告知下列情况(如"是"在[ ]中打"√";"不是"打"×")

IF ANY,PLEASE MARK"√"OR"×"

货物种类：袋装[√] 散装[ ] 冷藏[ ] 液体[ ] 活动物[ ] 机器/汽车[ ] 危险品等级[ ]

GOODS：BAG/JUMBO BULK REEFER LIQUID LIVE ANIMAL MACHINE/AUTO DANGER-OUS CLASS

集装箱种类：普通[ ] 开顶[ ] 框架[ ] 平板[ ] 冷藏[ ]

CONTAINER：ORDINARY OPEN FRAME FLAT REFRIGERATOR

转运工具：海轮[√] 飞机[ ] 驳船[ ] 火车[ ] 汽车[ ]

BY TRANSIT：SHIP PLANE BARGE TRAIN TRUCK

船舶资料：船籍[CHINA] 船龄[ ]

PARTICULAR OF SHIP：REGISTRY AGE

备注：被保险人确认本保险合同条款和内容已经完全了解

THE ASSURED CONFIRMS HEREWITH THE TERMS AND CONDITIONS OF THESE INSURANCE CONTRACT FULLY UNDERSTOOD

投保人(签名盖章) APPLICANTS' SIGNATURE：

SICHUAN XIHUA IMPORT AND EXPORT COMPANY LTD. 杨华

电话(TEL)：87632168

投保日期(DATE)：050712　　　　　　地址(ADD)：

　　(3)如委托人委托货运代理报关,货运代理应在装船前凭全套报关单证(包括报关单、出库单/装箱单、装货单以及所需官方证明,如许可证、商检证、免疫证等)向海关申报,海关核货单无误后放行,方可装船。

　　(四)出口报关

　　出口报关指出口商或其代理人在货物出境时,向海关交验有关单据请求海关查验放行。按我国海关法规定,出口货物出运前必须向海关申报,经海关查验合格放行,才能装运出口。

　　1. 出口报关业务程序

　　出口企业办理货物出口报关按下列程序进行：

　　申报──→查验──→征税──→放行

　　(1)出口货物申报

　　申报时间：一般在货物运至码头装货前24小时。

　　申报手续：向海关提交出口货物报关单及海关规定提交的其他单证。

报关时需交验(随附)的单证:

① 出口货物许可证和其他批准文件(出口许可证商品);

② 装货单(下货纸)或运单;

③ 发票;

④ 装箱单/重量单;

⑤ 减税或免税的证明文件;

⑥ 合同、产地证和其他有关单证(海关认为必要时);

⑦ 商检证书(需要检验的商品);

⑧ 出口收汇核销单。

(2)查验

海关对出口商交验的货物、单据依法进行查验。

(3)征税

出口商品一般须交纳出口税。

(4)放行

出口货物在办完向海关申报、接受查验、纳完税款等手续后,海关在货运单据上签章放行,出口商或其代理凭海关放行的货运单据发运出口货物(装船)。

2. 出口货物报关单

(1)出口货物报关单格式

出口货物报关单格式如表2-9所示:

表2-9　　　　　　　　　中华人民共和国海关出口货物报关单

预录入编号:735687435　　　　　　　　　　　　　　　　海关编号:DK0100347

出口口岸: 浦东海关2210	备案号: BA10074	出口日期: 2005-11-08	
经营单位: 上海土产进出口公司 310191503	运输方式: 江海运输	运输工具名称: 长庆	提运单号: DR/0718
发货单位: 310191503	贸易方式: 来料加工	征免性质: 来料加工	结汇方式: 信用证
许可证号: 1023579	运抵国(地区): 日本	指运港: 大阪	境内货源地: 31019
批准文号: 200501001	成交方式: FOB	运费: 000/	保费: 000/	杂费: 000/
合同协议号: KB2005/13	件数: 42	包装种类: 纸箱	毛重(千克): 1 554.00	净重(千克): 1 449.00
集装箱号:	随附单据: 客检证明		生产厂家: 上海服装厂
标记唛码及备注 T-KK			

表 2 - 9(续)

项号	商品编号	商品名称	规格型号	数量及单位	最终目的国（地区）	单价	总价	币值	征免
01	66889	衬衣	L16	5 000 件	日本	15.00	75 000.00	美元	照章
税费征收情况：									

录入员：兹声明以上申报无讹并 录入单位：承担法律责任	海关审单批注及放行日期（签章）
报关员（签章）　李明　　　　　　　申报单位（签章）	审单　　　　　　审价
单位地址：	征税　　　　　　统计
邮编：　　电话：　　填制日期 2005 - 11 - 06	查验　　　　　　放行

（2）出口货物报关单的填制规范

出口货物报关单是出口企业在装运前向海关申报出口许可的单据,由出口企业填制,经海关审核、签发后生效。出口货物报关单不仅是出口企业向海关提供审核出口货物是否合法的凭据也是海关凭以征税的凭证和国家法定统计资料的重要来源。出口企业必须如实、规范、正确地填写。

出口货物报关单由中华人民共和国海关统一印制,根据业务性质的不同使用不同的专用报关单,即:一般贸易使用白色报关单;进料加工贸易使用粉色报关单;来料加工装配和补偿贸易使用浅绿色报关单;外商投资企业使用浅蓝色报关单;需国内退税的出口货物另增填浅黄色出口退税专用报关单。

出口报关单一般一式三份,退税商品另加一份退税黄联。用计算机报关只需填一份报关单(先交指定的预录入人员将数据输入计算机,然后打出报关单,再向海关报关)。报关单由海关考核认可的报关员填写申报,每份报关单只填写一种贸易方式的货物,并限填 4 项商品。这里主要介绍一般贸易出口货物报关单的填制方法。

3. 出口货物报关单填写方法

（1）预录入编号。填写申报单位或预录入单位对该单位填制录入的报关单的编号。

（2）海关编号。填写海关接受申报时给予报关单的编号。

（3）出口口岸。填写实际出口的口岸海关的名称。

（4）备案号。填写进出口企业在海关办理加工贸易合同备案或征、减、免税审批备案手续时海关给予的登记手册、免税证明或其他有关备案审批文件的编号。

（5）出口日期。填写运输工具申报出境的日期(根据配舱回单填写)。

（6）申报日期。填写海关接受出口货物的收发货人或代理人申请办理货物出口手续的日期(8 位数,顺序为年为 4 位,月、日各 2 位)。

（7）经营单位。填写对外签订并执行进出口合同的企业或单位的名称及单位编码。

（8）运输方式。根据实际运输方式按海关规定的《运输方式代码表》选填相应的运输方式，如海运、陆运或空运。

（9）运输工具名称。填写实际装运货物运输工具的名称及编号（根据配舱回单填写）如船名、航次。

（10）提运单号。填写出口货物提单货运单的编号（根据配舱回单填写）。

（11）发货单位。填写货物在境内的生产及销售单位的名称或其海关注册编码（填写国内供应商或出口商）。

（12）贸易方式。根据实际情况，按海关规定的《贸易方式代码表》选填相应的贸易方式，如一般贸易、加工贸易、易货贸易等。

（13）征免性质。按海关核发的征免税证明中批注的征免性质填报"来料加工""一般征税"等。

（14）结汇方式。根据实际情况按海关规定的《结汇方式代码表》选填相应的结汇方式，如托收、信用证等。

（15）许可证号。按实际情况填写批注该批货物出口的许可证号，非许可证范围内商品空白不填。

（16）运抵国。按海关规定的《国别（地区）代码表》选填相应的运抵国的中文名称或代码（一般为进口商所在国）。

（17）指运港。根据实际情况按海关规定的《港口航线代码表》选填相应的港口中文名称或代码。

（18）境内货源地。根据出口货物生产厂家或发货单位所属国国内地区按海关规定的《国内地区代码表》选填相应的国内地区名称或代码。

（19）批注文号。填写出口收汇核销单编号。

（20）成交方式。根据实际成交价格条款按海关规定的《成交方式代码表》选填相应的成交方式代码，如 CIF、FOB 等。

（21）运费。出口货物的出口成交价格中含有运费时填写本栏（除全部货物的国际运费外，还需按海关规定的《货币代码表》选填相应的币种代码，运保费合计计算的，运保费填报在本栏目）。

（22）保费。出口货物的出口成交价格中含有保费时填写本栏（除全部货物的国际运输保险费用外，还需按海关规定的《货币代码表》选填相应的币种代码，运保费合计计算的，运保费填报在运费栏目中）。

（23）杂费。填写成交价格以外的应从完税价格中扣除的费用，如手续费、佣金、回扣等，可按杂费总价或杂费率两种方式之一填报（按海关规定的《货币代码表》选填相应的币种代码）。

（24）合同协议号。填写出口合同或协议的号码。

（25）件数。填写有外包装的出口货物的实际件数。

（26）包装种类。填写出口货物的实际外包装种类，按海关规定的《包装种类代码表》选填相应的包装种类代码。

（27）毛重。填写出口货物的实际毛重（计量单位为 kg，不足 1kg 的填报为 1）。

（28）净重。填写出口货物的实际净重（计量单位为 kg，不足 1kg 的填报为 1）。

（29）集装箱号。填报打印集装箱编号及数量,非集装箱货物填报为0(在多于一个集装箱情况下,其余集装箱编号打印在备注栏或随附清单上)。

（30）随附单据。填写随出口货物报关单一并向海关递交的单证或文件,合同、发票、装箱单、许可证等必备的随附单证不在本栏目填报。

（31）生产厂家。填写出口货物的境内生产企业。

（32）标记唛码及备注。填写货物外包装上的标记唛码以及其他必须说明的事项。

（33）项号。填写该批货物在本报关单上的序号。

（34）商品编号。填写海关规定的商品分类编码规则确定的出口货物的编号。

（35）商品名称、规格型号。本栏分两行填报并打印,第一行打印出口商品的中文名称,第二行打印规格型号。

（36）数量及单位。按实际情况填写。

（37）最终目的国。根据实际情况,按海关规定的《国别(地区)代码表》填报相应的国家名称或代码。

（38）单价。填报同一项号下出口货物实际成交的商品单位价格。

（39）总价。填报同一项号下出口货物实际成交的商品总价。

（40）币制。根据实际成交情况按海关规定的《货币代码表》填报相应的货币名称或代码。

（41）征免。按海关核发的征免税证明或有关政策规定,选择填报海关规定的《征减免税方式代码表》填报相应的征减免税方式。

（42）税费征收情况。本栏供海关批注出口货物税费征收及减免情况。

（43）录入员。填报预录入EDI报关单打印录入人员姓名。

（44）录入单位。填报预录入EDI报关单打印录入单位姓名。

（45）申请单位。填写出口报关单的填制方(就申报内容的真实性直接对海关负责的企业名称及代码)。

（46）填制日期。填写实际填写本报关单的日期(8位数,年为4位,月、日各2位)。

（47）海关审单批注栏。由海关内部作业使用。

4. 其他事项

到港船舶必须适合货物装运,特殊情况下应申请商检部门对船舶进行检查,并出具适合装运的证明方可装船。

船舶到港后,大副和船代理画出正式积载图。

（五）装运

货运代理在装船时应派人做好装船现场监装工作——做好现场记录,掌握进度,及时处理意外事故,维护货方利益,保证装船质量。

（六）船舶离港后的善后工作

1. 发送提单

货运代理到船舶代理处交运费和其他费用,凭大副收据换取提单,并及时将提单送交发货人,以保证及时结汇。提单格式及填制方法将专章讲解。

2. 处理退关、短装、漏装货物

如货物没有及时发运,或单证不齐不能报关,需办理退关。在可以分批装运的情况下,部分货物已装船,另外部分货物因缺货或破损等原因没能装上船,称短装。在不可分批或用集装箱运输的情况下,货物没能装上船称漏装。船舶离港后,货运代理应及时将退关、短装或漏装通知书发给发货人,以便发货人及时处理。需再出运的货物,发货人应重新补办托运单订舱。漏装货物应安排最近的航班运出。

3. 拍发装运通知电报

按照国际惯例,货物装船后,货运代理应及时向国外买方发出"装船通知"(SHIPPING ADVICE)以便买方备款、赎单以及办理货运保险、进口报关和接货手续,做好提货准备。

装运通知的内容一般有合同号、发票号、信用证号、货物名称、数量、包装、总值、唛头、装运口岸、装运日期、船名及开航日期、卸货港、提单号等。装运通知电报格式如表2-10所示:

表2-10　　　　　　　　　　装运通知(SHIPPING ADVICE)

```
FM:SICHUAN XIHUA IMPORT AND EXPORT COMPANY LTD
TO:ABC TRADING
DEAR SIRS,
    WE HEREBY DECLARE THAT THE FOLLOWING GOODS HAVE BEEN SHIPPED TODAY:
    L/C NO. :T-057651
    INVOICE NO. : HYL-B008
    B/L NO. : CPS5501
    B/L DATE: JULY 16 2005
    COMMODITY:AGRICULTURAL IMPLEMENT
    QUANTITY/PACKAGE:500 DOZEN/500 GUNNY BAGS
    VALUE: USD 10 800. 00
    PORT OF LOADING:SHANGHAI
    DESTINATION:SIBU
    VESSEL NAME:DONGENG V. 122
    SHIPPING MARK:
    ABC
    SIBU
    NOS. I—500
```

4. 做好航次小结

货运代理应在船舶离港后及时做出航次小结,以备保存和查询。

二、技能训练

1. 四川某进出口公司委托飞海货代公司从东北大连代理运输一批大豆到新加坡,分组模拟海运货物出口货运代理业务流程。熟悉各流程,写出所需货运单证,画出流程图(货主自行报验)。

2. 根据下列资料正确缮制出口货物代运委托书和托运单各一份:

(1)信用证条款

L/C NO. CDR22/99 dated: Sept. 4,2005 issued by Bank of India.

A full set clean shipped "on board" Ocean Bill of Lading,date not later than 15th Oct. 2005. Mark out end or end to the order of Bank of India,Louboruch, Stershire Denil ZBK, UK,notifying w/n shipping services,94 Beaumond Road.

Shipment date :10th Oct 2005

Expiry date：30th Oct 2005

Bills of Lading in the short form are not acceptable.

Evidencing the current from the People's Republic of China port to London for the under-mentioned goods.

Beneficiary：China National Minshan Corp

NO. 11 Jianglin Road Chengdu，China

10 cartons of sliced water chestnuts @ USD 12. 00 per carton under contract NO SF5976 CIF London.

（2）其他有关资料

Invoice NO.：G – 68

B/L NO.：453

Gross Weight：1 800. 00kgs

Measurement：24. 522m^2

Ocean Vessel：Kangke V. 36

Insurance Policy NO.：862836

Port of Loading：Shanghai

代运编号：TBB230　　　　托运单编号：P – 11

Marks：Nodon/ NO. 1 – 10

代理人和承运人：CHINA NATIONAL FOREIGN TRADE TRANSPORTATION CORP SI-CHUAN BRANCH

地址（Address）：NO. 56 SHUANGLAN ROAD CHENGDU，CHINA

电话（Telephone）：028 – 86732761

委托人电话（Telephone）：028 – 87636168

3. 根据用户提供的海运出口货物代运委托书的内容，填写一份出口货物托运单（见表 2 – 11）。

表 2 – 11　　　　　　　　海运进出口货物代运委托书

委托编号（Entrusting Serial No）：GBB238	提单号（B/L No）：TP568	合同号（Contract No）：GPB460	委托日（Entrusting Date）July. 25，2005
发货人名称地址（Shipper/Full Name and Address）： Ching Plaited Products Import and Export Company Ltd. NO. 17 Wenhua Road Beijing，China	唛头标志（Marks）：Hoff Import Hamburg Po. No：22349		
收货人名称地址（Consignee/Full Name and Address） To Order of Shipper			
通知方名称地址（Notify Party/Full Name and Address） ABC Trading Hoff Import Wetzlarer Street 25D – 90427 Nuernberg，Germany			

表 2 - 11(续)

装货港 (Port of Loading) Shanghai	目的港 (Port of Destination) Hamburg		船名 (Vessel Name)	
编号(Number)	件数与包装 (NO. and Kind of Packages)	货物说明 (Description of Goods)	重量 (Weight in KG)	体积 (Measurement in CBM)
TH135	31 CTNS	X - Mas Decorations Cushions Cushion Covers	293. 8kgs	2. 985m^3

装船日期 (Loading Date)	可否转船 (If Transshipment): Not Allowed	可否分批 (If Partial Shipment):Not Allowed

结汇 (L/C Expiry Date)	提单份数 (Copies of B/L):3	正本 (Original):3	副本 (Copy):

运费及支付地点(Freight Payable at):
Freight Prepaid Shanghai

备注
(Remark):

委托人(Entrusting Party):
Sichuan Yihai Import and Export Company Ltd. 周平

地址(Address):
NO. 91 Wenhua Road Chengdu,China

电话(Telephone):
028 - 87632168

代理人(Agent)签字 Signed to the:
Sinotrans Sichuan Co Sichuan Branch 李英
地址(Address):16 Xinhua Road Chengdu,China
电话(Telephone):028 - 86753769

托运单编号:P - 16

4. 根据下列信用证(见表 2 - 12)正确缮制海运出口货物代运委托书、出口货物托运单、投保单和装运通知各一份。

表 2 - 12　　　　　　　　　　**BANK OF CHINA , SINGAPORE**

ORIGINAL

TELEGRAPHIC ADDRESS: "CHUNKUO"

TELEX: * * * * *

DATE: 19TH SEPTEMBER , 2005

IRREVOCABLE DOCUMENTARY CREDIT	CREDIT NO. YL6519
ADVISING BANK BANK OF CHINA , ZHENGZHOU BRANCH	APPLICANT LIAN AIK HANG TRADING , 65 - 1 HONGKONG STREET , SINGAPORE
BENEFICIARY HENAN XINDA INTERNATIONAL TRADING CO , LTD. NO. 115 WENHUA ROAD , LIAONING , CHINA	AMOUNT USD18 000. 00 (UNITED STATES DOLLARS EIGHTEEN THOUSAND ONLY)

EXPIRY DATE: 20TH DECEMBER , 2005

DEAR SIR(S) ,

WE HEREBY ESTABLISHED OUR IRREVOCABLE DOCUMENTARY CREDIT IN YOUR FAVOUR A-VAILABLE BY YOUR DRAFT(S) AT SIGHT FOR FULL INVOICE VALUE DRAWN ON US , BEARING THE CLAUSE " DRAWN UNDER BANK OF CHINA , SINGAPORE CREDIT NO. YL3519 DATED 19TH SEPTEMBER , 2005 " ACCOMPANIED BY THE FOLLOWING DOCUMENTS (AT LEAST INDUPLICATE UNLESS OTHERWISE SPECIFIED)

(1) SIGNED COMMERCIAL INVOICE(S) IN QUADRUPLICATE

(2) COMPLETE SET OF CLEAN ON BOARD OCEAN BILLS OF LADING , IN TRIPLICATE , ISSUED TO ORDER OF BANK OF CHINA AND ENDORSED IN BLANK , MARKED " FREIGHT PREPAID " NOTIFY APPLICANT

(3) MARINE INSURANCE POLICY/CERTIFICATE , ENDORSED IN BLANK , FOR FULL CIF VALUE PLUS 10% STIPULATING CLAIMS PAYABLE IN SINGAPORE COVERING ALL RISKS AND WAR RISK AS PER CIC

(4) PACKING LIST

(5) CERTIFICATE OF ORIGIN

EVIDENCING SHIPMENT OF :

10 METRIC TONS NORTHEAST　SOYBEAN

AT USD 1 800. 00 PER M/T CIF SINGAPORE

AS PER S/C NO. 2005AE016 DATED 25TH APRIL , 2005

SHIPMENT FROM CHINA TO SINGAPORE LATEST 5TH DEC. , 2005

PARTIAL SHIPMENT : PROHIBITED　TRANSHIPMENT : ALLOWED

表 2 – 12(续)

SPECIAL CONDITIONS

1) ALL BANK CHARGES ARE FOR ACCOUNT OF APPLICANT

2) SIGHT DRAFTS MUST BEAR AN INTEREST CLAUSE READING:"PAYABLE WITH INTEREST AT CURRENT RATE FROM DATE OF T/T TO DATE OF PAYMENT"

3) COMBINED TRANSPORT B/L ACCEPTABLE

4) ONE FULL SET OF NON – NEGOTIABLE SHIPPING DOCUMENTS MUST BE FORWARDED TO THE APPLICANT IMMEDIATELY AFTER SHIPMENT

A BENEFICIARY'S CERTIFICATE TO THIS EFFECT IS REQUIRED

INSTRUCTION TO NEGOTIATING BANK

ALL DOCUMENTS ARE TO BE FORWARDED TO US IN TWO SETS BY CONSECUTIVE REGISTERED AIRMAIL

2 SIGNED ORIGINAL BILLS OF LADING MUST BE FORWARDED TO US IN THE 1ST MAIL AND THE 3RD SIGNED ORIGINAL COPY TO BE FORWARDED IN THE 2ND MAIL THE AMOUNT OF EACH DRAWING MUST BE ENDORSED ON THE REVERSE OF THIS CREDIT

REIMBURSEMENT INSTRUCTION:

IN REIMBURSEMENT,WE WILL UPON RECEIPT OF THE RELATIVE DOCUMENTS ACCOMPANIED BY THEIR CERTIFICATE CERTIFYING THAT ALL TERMS AND CONDITIONS OF THIS CREDIT HAVE BEEN COMPLIED WITH,REIMBURSE THE NEGOTLATING BANK BY T/T IN ACCORDANCE WITH THEIR INSTRUCTION

WE HEREBY ENGAGE WITH DRAWERS AND/OR BONA FIDE HOLDERS THAT DRAFTS DRAWN AND NEGOTIATED IN CONFORMITY WITH THE TERMS OF THIS CREDIT WILL BE DULY HONOURED ON PRESENTATION

THE ADVISING BANK IS REQUESTED TO NOTIFY THE BENEFICIARY WITHOUT ADDING THEIR CONFIRMATION

THIS DOCUMENTARY CREDIT IS SUBJECT TO THE UNIFORM CUSTOMS AND PRACTICE FOR DOCUMENTARY CREDITS (1993 REVISION) INTERNATIONAL CHAMBER OF COMMERCE PUBLICATION NO. 500

YOURS FAITHFULLY,

FOR BANK OF CHINA,SINGAPORE

(AUTHORISED SIGNATURE)

制单参考资料:

Invoice NO. :RH – 0132

Packed in Gunny Bags of 50kgs Each

B/L NO. :CPS152

Insurance Policy NO. :ZC32/0163

Vessel:ASTRID V. 186

Gross for Net

Measurement:6. 8CBM

Shipping Mark：N/M

Insurance Agent：AnPing Insurance Co. Ltd.

2 Hongkong Street, Singapore

Port of Loading：Dalian

代运编号：T236 托运单编号：P－17

运输代理人：SINOTRANS SICHUAN CO LIAONING BRANCH

地址(Address) :6 XINHUA ROAD, DALIAN, CHINA

电话(Telephone) :015 － 86753769

委托人电话(Telephone) :015 － 86632168

5. 根据下列信用证(见表 2 － 13)正确缮制出口货物代运委托书、出口货物托运单和装运通知各一份。

表 2 － 13　　　　Emirates Bank International Limited

P. O. Box 2925	Telefax：26498
Dubai	Cable：EMARATMANK
United Arab Emirates	Telex：46455 EBIDB EM
	Date of Issue：25th January, 2005

Irrevocable Documentary Credit	Credit NO. ELC － TFS － 200579
Advising Bank Bank of China, Henan Branch 16 Huayuan Road, Zhengzhou, China	Applicant BDE Company P. O. Box 18, Dubai, U. S. E
Beneficiary Henan FT I/E Corporation NO. 92 Wenhua Road, Zhengzhou, China	Amount in Word and Figures USD 16 128. 00 (United States Dollars Sixteen Thousand One Hundred and Twenty Eight Only) CFR DUBAI

Available in China Expiry Until 15th April, 2005

Dear Sirs,
We hereby issue this Irrevocable Documentary Credit in your favour which is available by negotiation of your Drafts at Sight drawn on ourselves for full Invoice Value of Goods and marked"Drawn Under Emirates Bank International Limited Credit NO. ELC － TFS － 200079 Dated 25th January, 2005", accompanied by the following Documents：
＊Signed Commercial Invoices in 6 Copies stating the Name and Address of the Manufacturer certifying the Origin of Goods and Contents to be true and correct.
＊Full Set of Clean on Board Marine Bills of Lading made out to order and endorsed in blank marked "Freight Prepaid", Notify Applicant.
＊Certificate of Origin issued by China Council for the Promotion of International Trade and certifying the Goods to be of Chinese Origin, stating the Full Name and Address of the Manufacturer of Goods.
Covering Shipping of the following Goods：
7 000 Dozen Pairs of Mens Printed Nylon Stretch Socks. Size：26x27CM Standard；Colours：6 Colours Equally Assorted；Brand：Golden Pine Made in Shanghai, China, Design NO. N3004 － D33 and N3004 － D92 Each 3 500 Dozen Pairs @ USD2. 304 Per Dozen Pairs CFR Dubai.
Shipping Markets：BDF/DUBAI/Nos. 1 － 150

Despatch/Shipment from China to Dubai latest 25th March, 2005
Partial Shipment is allowed.　　　Transhipment is allowed at Hongkong only.

We hereby engage with Drawers or Bona Fide Holders that Drafts drawn in conformity with the terms of this Credit will be duly honoured on presentation.

表 2 - 13（续）

Directions to Advising Bank
We hereby engage with Drawers or Bona Fide Holders that Drafts drawn in conformity with the terms of this Credit will be duly honoured on presentation.

Directions to Notifying Bank
We have issued this Documentary Credit as detailed above. We request you to notify the Credit to the Beneficiary.

Other Documents required
＊Insurance covered by Buyer. Shipment Advice quoting Name of Carrying Vessel, Date of Shipment, Shipping Marks, Amount and our Letter of Credit Number should be sent to ALLIANCE INSURANCE(P. S. C) P. O. Box 5501, Dubai, UAE by Telex over their Telex NO. 46068 ALNCE EM or by Fax over their Fax NO. (09714)225129 Dubai, referring to their Telex/Fax Copy must accompany the Documents.
＊Packing List in 6 Copy must accompany the Documents.
＊One Copy each of Invoices, Certificate of Origin and Transport Documents along with Shipment Samples must be sent to Applicant by Speedpost.
A Certificate to this effect together with the relative Speedpost Receipt must accompany the Documents.
＊Certificate issued by the Shipowner or Agent certifying that the Carrying Vessel is allowed by Arab Authorities to call at Arabian Ports and is not scheduled to call at any Israeli Port during its voyage to the United Arab Emirates. In case of Shipment by United Arab Shipping Co. Line Vessels such Certificate is not required.

SPECIAL INSTRUCTIONS
1) Invoices must certify that the goods shipped and all other details are as per Order NO. 6533/95 of M/S. ALHELO TRADING COMPANY, DUBAI, U. A. E. and Beneficiary's Sales Note NO. 95 NO. 1 - 06.
2) Shipment Adivce giving full details must be sent to M/S. ALHELO TRADING COMPANY, U. A. E. by Telex over their Telex NO. 46692 ALHELO EM or by Cable over their Cable Address ALHELO, DUBAI within 5 days of shipment and a copy of the relative transmitted Telex/Cable Advice must accompany the documents.
3) Shipment Samples and One full set each of Non-Negotiable Shipping Documents must be sent to APPLICANTS and to M/S. ALHELO TRADING COMPANY, P. O. BOX 5365, DUBAI, U. A. E. by Airmail after the shipment and a compliance certificate to this effect issued by Beneficiary must accompany the documents.
4) Combined Transport(Land and Sea) Bills of Lading are acceptable.
5) The Negotiating Bank must deduct from the payment to the Beneficiary Agents Commission @ 1% on 100% of the CFR Invoice Value Payable to M/S. ALHELO TRADING COMPANY, P. O. BOX 5365, DUBAI, U. A. E. and claim reimbursement for the net amount only after such deduction which must be confirmed on their negotiation schedule.
6) Shipment must be effected by Cosco Line and/or Maersk Line and/or United Arab Shipping Company Line Vessels and Bills of Lading must be issued by this Lines only.
7) PACKING:Each pair in a printed polybag, 1 dozen of equally assorted colours in a printed box then finally 50 dozen pairs per Export Carton and Packing List must evidence compliance.
8) Shipment Advice giving full details such as Name of the Carrying Vessel, Bill of Lading Number, Invoice Number & Date, Letter of Credit Number, Name & Address with Telephone Number of the Carrying Vessel's Agent in Dubai must be sent to Applicants by Fax over their Fax NO. 263083 Dubai or by Telex over their Telex NO. 47354 ASKAR EM and a copy of the relative transmitted Telex/Fax ASKAR EM and a copy of the relative transmitted Telex/Fax Advice must accompany the documents.
9) If possible Invoices to indicate HARMONIZED SYSTEM COMMODITY CODE NUMBER(H. S. CODE NUMBER). The Department of Ports & Customs, U. A. E. warns suppliers that failure to quote the relevant HARMONIZED SYSTEM(H. S.)COMMODITY CODE NUMBER on the Commercial Invoices will result in unnecessary delay in clearance.

FURTHER DIRECTIONS TO ADVISING/NEGOTIATING BANK
＊ The amount of each drawing must be endorsed on reverse of Page 1 of this credit.
＊ Documents must be Couriered/dispatched by registered Airmail in one cover.
＊ All Banking Charges outside the country of issuance of this Credit are on beneficiary's account.
In Reimbursement, the Negotiating Bank is authorized to draw on our account with CHEMICAL BANK, 15TH FLOOR, 55 WATER STREET, NEW YORK, N. Y. 10014 - 0199, U. S. A

Authorised Signature

制单参考资料：

Invoice NO. ：XH - 006

B/L NO. ：C021886

Vessel：Red Star V. 608

Total Gross Weight：9 000. 00Kgs

Net Weight：8 700. 00Kgs

Measurement：48CBM

Port of Loading：TIANJIN

代运编号：Q268

托运单编号：P - 17

代理人：CHINA OCEAN SHIPPING（GROUP）CO HENAN BRANCH

地址（Address）：108 JANGHAN ROAD ZHENGZHOU CHINA

电话（Telephone）：0371 - 86753769

委托人电话（Telephone）：0371 - 87632168

第二节　海运散杂货进口代理业务流程

一、海运散货进口代理业务流程

海运散货进口代理业务流程如图 2 - 3 所示。

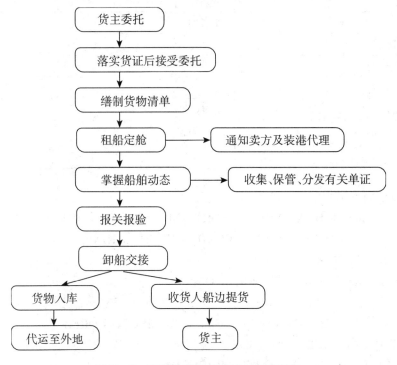

图 2 - 3　海运散货进口代理业务流程图

二、海运散货进口代理业务流程

海运货运代理业务是从承揽和接受货物、安排船舶到国外装货港装货,运至国内安排卸货并将货物尽快交付收货人的过程。按 FOB 进口货物,货物的运输、保险手续由我方办理。

(一)承揽和接受货主的租船、定舱委托

按合同规定,FOB 条件下出口方应在交货前一定时期内,将预计装运日期通知进口方。进口方接到通知后,应及时向船方办理租船订舱手续。我国进口业务的租船订舱手续一般由外贸进出口公司委托外运公司或货运代理办理。手续为:外贸进出口公司收到国外出口商发来的预计装运日期后,先按合同填写"进口订舱联系单",然后将其连同进口合同副本送交外运公司或货运代理,委托其具体安排进口货物运输事宜。货运代理必须树立为货主服务的思想,积极主动承揽和接受货主的租船、定舱委托。货主填制进口订舱联系单后,货运代理必须对进口订舱联系单认真审核,"进口订舱联系单"格式内容比较简单,根据提示按实际填写即可。

1. 进口订舱联系单样本

表 2-14 是进口订舱联系单的样本。

表 2-14　　　　　　　　　　　　　　进口订舱联系单

第　号　　　　　　　　　　　　　　　　　　　　　　　　　　年　月　日

货名(填写英文)			
重量		尺码	
合同号		包装	
装卸港		交货期	
买卖条款			
发货人名称地址			
发货人电话/电传			
订妥船名		预抵港期	
备注		委托单位	

用以下资料作为本节操作的依据:

THE BUYERS:SICHUAN XIHAI IMPORT AND EXPORT COMPANY LTD.

　　　　　　　NO. 108 WENHUA ROAD CHENGDU,CHINA

TEL:028 - 87632168

THE SELLERS:YINHUA CORPORATION

　　　　　　　16TH FL. ,KWANGHWAMUN BLDG. ,256

　　　　　　　SEJONG - RO,CHONGRO - KU,SEOUL,KOREA

CONTRACT NO. : GD -98 -858

COMMODITY:HUCK FASTENING PRODUCTS

　　　　　　　BOT -T20 -12GA　8000PCS

UNIT PRICE：USD 2.5/PCS PRICE TERM：FOB PUSAN

CURRENCY USD AMOUNT 20 000.00

LOADING IN CHARGE：KOREA PUSAN PORT

FOR TRANSPORT：SHANGHAI，CHINA

DATE OF SHIPPING：BEFORE THE END JULY，2005

PACKED：20PCS IN A CARTON

INSURANCE：TO BE EFFECTED BY THE BUYER

SHIPPING MARK：

SHANGHAI，CHINA

NTB688

NO. 1－400

进口订舱联系单编号:6号   填写时间:2005 年 7 月 15 日

INVOICE NO.：T0368

B/L NO.：S6801

VESSEL：HAIOU V.045

MEASUREMENT：25m^3

TOTAL G.W：16 000.00KGS

        N.W：15 000.00KGS

交 货 期:2005 年 7 月 1 日至 28 日

预抵港期：2005 年 8 月 5 日

开航日期：2005 年 7 月 30 日

代 理 人：SINOTRANS SICHUAN CO

地址(Address):16 XINHUA DADAO CHENGDU，CHINA

电话(Telephone):028－86753769

发货人电话/电传:068－4567891/923456

保险险别:ALL RISKS AND WAR RISK

保险费率:0.6% +0.06%

预约保险人:PICC 中国人民保险公司成都分公司

THE PEOPLE'S INSURANCE COMPANY OF CHINA，CHENGDU BRANCH

SHIPMENT OF CONTRACT NO.：H－789

LETTER OF CREDIT NO.：DX－657

2. 进口订舱联系单实例

表 2－15 是进口订舱联系单的实例。

表 2－15   进口订舱联系单

第 6 号   2005 年 7 月 15 日

货名(填写英文)	HUCK FASTENING PRODUCTS		
重量	16 000.00KGS	尺码	25m^3
合 同 号	GD－98－858	包装	CARTON

表 2 - 15（续）

装卸港	PUSAN SHANGHAI	交货期	2005 年 7 月 1 日至 28 日
买卖条款	FOB		
发货人名称地址			
发货人电话/电传	068 - 4567891/923456		
订妥船名	HAIOU V. 045	预抵港期	2005 年 8 月 5 日
备注		委托单位 SICHUAN XIHUA IMPORT AND EXPORT COMPANY LTD 王海	

在 FOB 条件下,买方或货运代理在办妥租船、订舱手续后,应在规定的期限内将船名、船期、船籍、船舶、吃水深度、转载重量、到达港口等事项及时通知卖方,并催告卖方如期装船。

3. 催装函电实例

表 2 - 16 是催装函电的实例。

表 2 - 16 　　　　　　　　　　催装函电

FROM:SICHUAN XIHAI IMPORT AND EXPORT COMPANY LTD.
　　　NO. 108 WENHUA ROAD CHENGDU,CHINA
16TH FL. ,KWANGHWAMUN BLDG. ,256 SEJONG - RO,CHONGRO - KU,SEOUL,KOREA
TO:YINHUA CORPORATION

DATE:2005 年 7 月 11 日

DEAR SIRS,

RE:SHIPMENT OF CONTRACT NO. : H - 789
LETTER OF CREDIT NO. :DX - 657

WE WISH TO ADVISE THAT THE FOLLOWING STIPULATED VESSEL WILL ARRIVE AT PUSAN PORT,ON/ABOUT 2005 年 7 月 18 日
VESSEL NAME:HAIOU VOY. NO:045
WE'LL APPRECIATE TO SEE THAT THE COVERING GOODS WILL BE SHIPPED ON THE ABOVE VESSEL ON THE DATE OF L/C CALLED.

(二)做好进口单据的保管分发工作

进口货物单据一般分为商务单据和船务单据两种,货运代理有责任做好船务单据的保管和分发工作,有关单据要及时寄送卸货港。

(三)掌握进口船舶动态

掌握进口船舶动态、船期对于做好港口工作,及时、合理地安排进口船舶卸货,尽快把货物交到收货人手中极为重要。货运代理应做好填写运输卡片和进口船舶动态表的工作。安排船、货时,不论是国内班轮还是国外班轮均需认真按船、按航次填写,以作为船、货安排的根据。运输卡片内容包括船名、船期、各港所配货物的主要货类、数量、实装量、离开装货港和到达卸货港日期以及指定装货港代理的日期和运输过程中的主要情况。进口船舶动态表主要填写船舶类别、卸港顺序、各港货类、货量、预计抵达国内第一

卸港的时间。如有特殊货物如甲板货、重大件货和危险品货物均需列明,以便卸货港事先做好卸货安排。

(四)投保

按 FOB 条件进口,货物在装运港装上船,风险即由卖方转移给我方。为转移货物海上运输风险,我方一般需向保险公司办理进口货物海上运输保险。对于进口货物运输保险,我国目前有两种做法,即预约保险和逐笔保险。

预约保险适用于经常有货物进口的外贸公司或企业。预约保险的做法是:外贸公司或企业同保险公司签订预约保险合同,规定总的保险范围、保险期限、保品种类、总保险限额、运输工具、航程区域、保险条件、保险费率、适用条款、赔偿结算支付办法。只要有属于预约保险合同规定的承保范围内的货物进口,投保单位在接到国外出口商的装船通知后,填写"国际运输预约保险起运通知书"送交保险公司,保险公司签章确认办妥保险手续。

1. 进口货物运输预约保险合同样本

进口货物运输预约保险合同样本见表 2 - 17。

表 2 - 17　　　　　　　　　　进口货物运输预约保险合同

合同号 GD - 98 - 858　年/号　2005.7.25

四川华西进出口有限公司为甲方:

中国人民保险公司成都分公司为乙方:

双方就进口货物的运输预约保险议定下列各条以资共同遵守:

(1)保险范围

甲方从国外进口的全部货物,不论运输方式,凡贸易条件规定由买方办理保险的,都属于本合同范围之内。甲方应根据本合同规定,向乙方办理投保手续并支付保险费。

乙方对上述保险范围内的货物,负有自动承保的责任,在发生本合同规定范围内的损失时,均按本合同的规定负责赔偿。

(2)保险金额

保险金额以进口货物的到岸价格(CIF)即货价加运费加保险费为准(运费可用实际运费,亦可由双方协定一个平均运费率计算)。

(3)保险险别和费率

各种货物需要投保的险别由甲方选定并在投保单中填明。乙方根据不同的险别规定不同的费率。现暂订如下:

货物种类	运输方式	保险险别	保险费率
HUCK FASTENING PRODUCTS	BY SEA	ALL RISKS AND WAR RISK	0.6% +0.06%

(4)保险责任

各种险别的责任范围,按照所属乙方制定的《海洋货物运输保险条款》《海洋货物运输战争险条款》《航空运输综合险条款》和其他有关条款的规定为准。

(5)投保手续

甲方一经掌握货物发运情况,即应向乙方寄送起运通知书,办理投保。通知书一式五份,由保险公司签字确认后,退回一份。如果不办理投保,货物发生损失,乙方不予理赔。

（6）保险费

乙方按甲方寄送的起运通知书,照前列相应的费率逐笔计收保费,甲方应及时付费。

（7）索赔手续和期限

本合同所保货物发生保险范围以内的损失时,乙方应按制订的《关于海运进口保险货物残损检验和赔款给付办法》迅速处理。甲方应尽力采取防止货物扩大受损的措施,对已遭受损失的货物必须积极抢救,尽量减少货物的损失。向乙方办理索赔的有效期限,以保险货物卸离海轮之日起满一年终止。如有特殊需要可向乙方提出延长索赔期。

（8）合同期限

本合同自 2005 年 7 月 25 日开始生效。

甲方:四川华西进出口有限公司　　乙方:中国人民保险公司成都分公司

2. 国际运输预约保险起运通知书

投保单位在接到国外出口商的装船通知后,填写国际运输预约保险起运通知书送交保险公司,保险公司签章确认办妥保险手续。

进口货物运输预约保险起运通知书样本如表 2－18 所示:

表 2－18　　　　　　　　　　　　预约保险起运通知书
中国人民保险公司成都分公司
国际运输预约保险起运通知书

被保险人:　　　　　　　　　　　　　　　　　　　编号　字第　号

保险货物项目（唛头）	包装及数量	价格条件	货价（原币）		
合同号		发票号码		提单号码	
运输方式		运输工具名称		运费	
开航日期　年　月　日		运输线路　自　　　至			
投保险别		费率		保险金额	保险费
中国人民保险公司　　　　　年　月　日		被保险人签章　　　　　年　月　日		备注	

本通知书填写一式五份送保险公司。保险公司签章后退回被保险人一份。

如在本节信用证实例中,价格条件是 CFR,填制的预约保险起运通知书的范本如表 2－19 所示:

表 2 - 19　　　　　　　　　　　　　预约保险起运通知书

中国人民保险公司成都分公司

国际运输预约保险起运通知书

被保险人:四川华西进出口有限公司　　　　　　　　　　　　　编号 2005　字第 16 号

保险货物项目(唛头)	包装及数量	价格条件	货价(原币)
HUCK FASTENING PRODUCTS SHANGHAI, CHINA NTB688 NO. :1－400	400 CARTON	CFR	USD20 000.00

合同号 GD－98－858	发票号码 T0368	提单号码 S6801
运输方式 BY SEA	运输工具名称 HAIOU V. 045	运　费
开航日期 2005 年 7 月 30 日	运输线路　　自 PUSAN 至 SHANGHAI	

投保险别	ALL RISKS AND WAR RISK	费率	0.6% + 0.06%	保险金额	USD22 146.16	保险费	USD146.16
中国人民保险公司 中国人民保险公司成都分公司　　　王林 2005 年 7 月 30 日			被保险人签章 四川华西进出口有限公司　　　李力 2005 年 7 月 30 日			备　注	

本通知书填写一式五份送保险公司。保险公司签章后退回被保险人一份。

(五)报关、报验

1. 进口报关

进口报关指进口货物的收货人或其代理人向海关交验有关单证,办理进口货物申报手续。按海关法,进口货物报关手续应于运输货物的工具申报进境之日起 14 日内进行。报关时,收货人应填写进口货物报关单,向海关提交提货单、发票、包装单、进口货物许可证。海关在接受申报后,对进口货物进行实际核对查验,如货物符合国家进口规定,于收货人交纳关税后,在货运单上签字盖章放行。收货人持此单提取进口货物。

进口货物报关单示例如表 2 - 20 所示:

表 2 - 20　　　　　　　　中华人民共和国海关进口货物报关单

预录入编号:　　　　　　　　　　　　　　　　　　　　　　海关编号:

进口口岸	备案号	进口日期	
经营单位	运输方式	运输工具名称	提运单号
收货单位	贸易方式	征免性质	征税比例
许可证号	起运国(地区)	装运港	
批准文号	成交方式	保费	杂费

合同协议号	件数	包装种类	毛重(kg)		净重(kg)	
集装箱号	随附单据				用途	
标记唛码及备注						
项号 商品编号 商品名称、规格号 数量及单位 原产国(地区) 单价 总价 币制 征免						
税费征收情况						
录入员 录入单位	兹声明以上申报无讹并承担法律责任		海关审单批注及放行日期			(签章)
			审单	审价		
			征税	统计		
单位地址	申报单位(签章)		查验	放行		
邮编 电话 填制日期						

2. 进口报验

按《中华人民共和国进出口商品检验法》规定,进口货物到岸后,进口企业须向卸货口岸或目的地商检机构办理登记。商检机构在报关单上加盖"已接受登记"印章,海关凭报关单上的印章验放。法定检验商品登记后,进口人在规定时间、地点持有关单据到商检机构报验,由商检机构检验。检验地点一般在合同约定地点进行,也可在卸货口岸或目的地或商检机构指定地点或收货人所在地检验。但卸货时如发现货物有残损短缺,进口企业则应及时向口岸商检机构申请检验,出具残损证书,以备索赔之用。表2－21是进口商品检验申请单示例,表2－22是检验计费单示例,表2－23是领取证书凭单示例。

表2－21　　　　　　　　　　**进口商品检验申请单**
中华人民共和国四川进出口商品检验局　　　　　　　　　　报验号
兹有下列商品申请检验,请照章办理。　　　　　　　　　　报验单位
联系人　　　　　　　电话　　　　　　地址　　　　　　日期

发货人				
受货人				
商品名称		合同号	商品编码	
报验数/重量		商品总值	预约工作日期	
运输由	装			
进口日期		卸毕日期	索赔有效期	
检验依据		包装状况		

表 2-21（续）

报验人提供资料（打"√"或不填）	合同		发票		提单		标记及号码	
	运单		装箱单		理货清单			
	磅码单		验收单		质保书			
	说明书		到货通知单					

申请检验项目（打"√"或不填）	质量规格	数量重量	包装	安全卫生	开箱检验	残损	复验出证		贸易国别或地区	
									领证人签收	

检验方式（打"√"或不填）		商检检验	共同检验	认可单位检验

进口商品检验签证工作流程表

粗框内由商检局填写	项目	经办人	时间		项目	经办人	时间	
			年	月			年	月
	1. 接受报验				9. 翻译			
	2. 检验处收单				10. 复核			
	3. 抽样制样				11. 制证			
	4. 检验				12. 校对			
	5. 拟稿				13. 计费			
	6. 审核				14. 发证			
	7. 检务处收单				15. 统计			
	8. 复审				16. 归档			

申请日期　　年 月 日

表 2-22　　　　　　　　　　进口检验　检验计费单

开户银行：

银行账号：　　　　　　　　评议

申请单位		申 请 号	
品名		证书份数	
重量价值		应缴费用　公证费	实收　证书费

申请日期　　年 月 日

表 2-23　　　　　　　　　　领取证书凭单

申请单位		申请号	
品　名		备注	

①报验人须持《报验员证》按规定时间最迟于报关或装运出口前十天报验;
②报验人须按要求填写申请单各项内容,文字准确、字迹清楚、不得随意涂改;
③报验人须凭"领取证书凭单"领取证书,未尽事宜详见进出口商品报验规定。

(六)卸货与提货

进口货物到港后,货运代理要负责港口的交接工作,履行现场监卸任务,把好进口货物的质量关、数量关,必须配合港口理货人员按票卸货、理货,严禁混卸,已卸货物也应按提单和唛头分别堆垛;对船边提货和危险品,应根据卸货进度,及时与有关方面取得联系,做好衔接工作;对超大件货,应在货到港前提供尺码及重量、起吊点、图纸,以便准备接货车辆和驳船及时疏运;重点货物如钢材、机械零件、橡胶,要专人掌握,避免错乱,货物卸毕后,应下舱检查,防止漏卸,如发现短缺,应填写短卸报告交船方签字,如发现残损,则应将货存放于海关指定仓库,通知保险公司、商检局等有关单位进行检验,确定残损原因、程度及索赔对象,凭商检机构出具的检验或鉴定证书,向国外有关责任方提出索赔。货运代理办理好进口报关手续后,即可凭海关盖有放行章的提单到港口码头办理提货手续。

(七)进口代运

进口货物卸船报关后,由收货人自行到码头提货的叫作自提。由货运代理办理货物交接,并安排货物装运至收货人指定的地点的叫作进口代运。各委托单位可直接向货运代理提出长期或临时委托签订《海运进口货物国内交接、代运协议书》。

(八)审核账单

货运代理要替货主把好运费关,认真审核账单(包括装货费、加班费、垫料费、捆扎费、杂费等)和班轮运费清单,并及时支付运费给船东。如租船运输,租船合同订有滞期条款和速遣条款,应及时向买方提供装、卸货事实记录,或按协议代表货主与船东结算。货运代理自己也应缮制船舶航次盈亏估算表,填写清楚船舶的滞期费或速遣费与运费支付情况。

三、技能训练

1. 分组模拟海运货物进口货运代理业务流程。四川西华进出口公司委托红声货代公司,从日本的大阪代理运输一批机床到上海,模拟海运货代进口流程,熟悉各流程及所需货运单证(货主自行报关、报验)。

2. 根据下列资料正确缮制进口货物进口订舱联系单、进口货物运输预约保险合同、预约保险起运通知书各一份。

THE BUYERS:GUANGDONG FOREIGN TRADE IMPORT AND EXPORT CORPORA-
　　　　　　 TION.
　　　　　　 368 TIANHE ROAD GUANGZHOU,CHINA

TEL:020 – 87633568

THE SELLERS:HAIWE CORPORATION

68 RUE DE BRUXELLES,BELGIUM

CONTRACT NO. : N8TB336

COMMODITY:DUPLEX BOARD WITH GREY BACK

BRAND:HANSOL HI – Q

SUBSTANCE:250 GSM

SIZE:"31 ×47"L. G.

QUANTITY:100MT

UNIT PRICE:USD 415/MT FOB ANTWERP

CURRENCY USD AMOUNT 41 500. 00

LOADING IN CHARGE:ANTWERP,BELGIUM

FOR TRANSPORT:GUANGZHOU,CHINA

DATE OF SHIPPING:BEFORE THE END AUGUST,2005

INSURANCE:TO BE EFFECTED BY THE BUYER

SHIPPING MARK:GUANGZHOU

N8TB1136

NO. 1 – UP

INVOICE NO. : B18

PACKING:100KG IN A WOODEN CASE

B/L NO. : 0168

VESSEL:HAIOU V. 16

MEASUREMENT:60m^3

TOTAL G. W:101MT

N. W:100MT

交 货 期:2005 年 8 月 6 日至 25 日

开航日期:2005 年 8 月 26 日

预抵港期:2005 年 9 月 8 日

代理人:SINOTRANS SICHUAN CO GUANGDONG BRANCH

地址(Address):16 HUAXIN ROAD GUANGZHOU,CHINA

电话(Telephone):028 – 86753769

委托人电话(Telephone):028 – 87632168

发货人电话/电传:Tel:(022)21631106　　Fax:(022)21631108

保险险别:ALL RISKS

保险费率:0.4%

预约保险人:PICC 中国人民保险公司广州分公司

THE PEOPLE'S INSURANCE COMPANY OF CHINA,GUANGZHOU BRANCH

SHIPMENT OF CONTRACT NO. :H – 135

LETTER OF CREDIT NO. :DX – 78

3. 用客户装船资料填制预约保险起运通知书。

TO：SICHUAN XIHUA IMPORT AND EXPORT COMPANY LTD

DEAR SIRS,

WE HEREBY DECLARE THAT THE FOLLOWING GOODS HAVE BEEN SHIPPED TO-DAY：

L/C NO.：T－057651

INVOICE NO.：HYL－B008

B/L NO.：CPS5501

B/L DATE：JULY 16,2005

COMMODITY：AGRICULTURAL IMPLEMENT

QUANTITY/PACKAGE：500 DOZEN/500 GUNNY BAGS；PACKING IN A 20 FOOT CONTAINER. CONTAINER NO：S. O. C802376. SEAL NO：GZ086531

VALUE：USD10 800. 00

PORT OF LOADING：SIBU

DESTINATION：SHANGHAI

VESSEL NAME：DONGENG V. 122

SHIPPING MARK：

ABC

SIBU

NOS. I—500

买货条款：CFR

保险险别：ALL RISKS AND WAR RISK

保险费率：0. 5% ＋0. 04%

预约保险人：PICC 中国人民保险公司上海分公司

THE PEOPLE'S INSURANCE COMPANY OF CHINA,SHANGHAI BRANCH

SHIPMENT OF CONTRACT NO. ：H－531

LETTER OF CREDIT NO. ：DX－056

第三节 集装箱货物运输代理业务流程

一、整箱货出口货运代理业务流程与单证

(一)整箱货出口货运代理业务流程图

整箱货出口货运代理业务流程如图2-4所示。

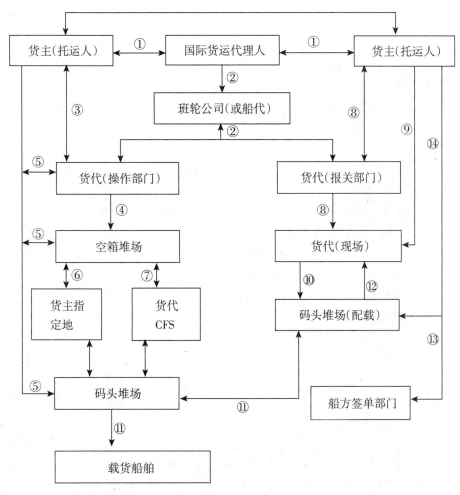

图2-4 集装箱整箱货出口货运代理业务流程图

图注:

①货主与货代建立货运代理关系;

②货代填写托运单证,及时订舱;

③订舱后,货代将有关订舱信息通知货主或将"配舱回单"转交货主;

④货代申请用箱,取得EIR后就可以凭此到空箱堆场中提取所需的集装箱;

⑤货主"自拉自送时"先从货代处取得EIR,然后提空箱,装箱后制作CLP,并按要求及时将重箱送码头堆场,即集中到港区等待装船;

⑥货代提空箱至货主指定地点装箱,制作CLP,然后将重箱"集港";

⑦货主将货物送到货代CFS. 货代提空箱,并在CFS装箱,制作CLP,然后"集港";

（注：⑤、⑥、⑦在实践中只选其中一种操作方式）

⑧货主委托货代代理报关、报检，办妥有关手续后将单证交货代现场工作人员；

⑨货主也可自行报关，并将单证交货代现场；

⑩货代现场工作人员将办妥手续后的单证交码头堆场配载；

⑪配载部门制订装船计划，经船公司确定后实施装船作业；

⑫实践中在货物装船后可以取得 D/R 正本；

⑬货代可凭 D/R 正本到船方签单部门换取 B/L 或其他单据；

⑭货代将 B/L 等单据交货主（注：为方便图示用两个方框表示同一个货主）。

（二）整箱货出口货运代理业务流程

整箱货出口货运代理业务流程为：委托代理──→订舱──→提取空箱──→货物装箱──→整箱货交接签证──→换取提单──→装船。

1. 委托代理

在集装箱班轮货物运输过程中，货主一般都委托货运代理为其办理有关的货运业务。货运代理关系在作为委托人的货主提出委托，而作为代理的国际货运代理企业接受委托后建立。

在货主委托货运代理之时，会有一份货运代理委托书。在签订长期货运代理合同时，可能会用货物明细表等单证代替委托书。

货主委托货运代理运输事宜的单证可分为基本单证和特殊单证。基本单证是每批托运货物都需具备的单证，包括出口货运代理委托书、出口货物报关单、外汇核销单、商业发票、装箱单、重量单（磅码单）、规格单等。特殊单证是在基本单证以外，根据国家规定，按照不同商品、不同业务性质、不同出口地区需向有关主管机关及海关交验的单证，如出口许可证、配额许可证、商检证、动植物检疫证、卫生证明、进料和来料加工手册、危险货物申请书、包装证、品质证、原产地证书等。

2. 订舱

货运代理接受委托后，应根据货主提供的有关贸易合同或信用证条款的规定，向船公司或其代理在其所营运或代理的船只的截单期前预定舱位即订舱（SPACE BOOKING）。截单期是指该船接受订舱的最后日期。超过截单期，如舱位尚有多余或船期因故延误等，船公司同意再次接受订舱，称为"加载"。截单期一般在预定装船日期前几天，以便报关、报检、装箱、集港、制单等工作的进行。装船表及船公司所公布的各种航运信息是订舱、配载的重要参考资料，货运代理必须按照委托书内容要求的船期、船公司、箱型、装货、交货方式等办理。在订舱时，货运代理填制"场站收据"联单、预配清单等单据。

（1）"场站收据"联单。

现代海上班轮运输以集装箱运输为主（件杂货运输占极小比重），为简化手续即以场站收据（DOCK RECEIPT, D/R）作为集装箱货物运输的托运单。场站收据联单，现在通常由货运代理企业缮制并送交船公司或其代理订舱，因此托运单也就相当于订舱单。我国在 1990 年就开始进行集装箱多式联运工业性试验，简称"集装箱工试"。该项工业性实验虽已经结束，但其中的三大单证的原理一直使用至今。三大单证是出口时使用的"场站收据"联单、进口时使用的"交货记录"联单和进出口时都使用的"设备交接单"联单。现以上海口岸进行的"集装箱工试"的场站收据联单为例，介绍其各联的设计和用途：

第一联：货主留底（托运单由货主缮制后将此联留存，故列第一联）；

第二联:船公司或其代理留底;

第三联:运费通知(1);

第四联:运费通知(2);

第五联:装货单(SHIPPING ORDER);

第五联(附页):缴纳出口货物港务申请书(由港区核算应该收的港务费用);

第六联(浅红色):场站收据副本大副联;

第七联(黄色):场站收据(DOCK RECEIPT)正本;

第八联:货运代理留底;

第九联:配舱回单(1);

第十联:配舱回单(2)。

以上一套10张,船公司或其代理接受订舱后在托运单上加填船名、航次及编号(此编号俗称关单号,与该批货物的提单号基本上保持一致),并在第五联装货单上盖章,表示确定订舱,然后将二到四联保存,第五联以下全部退还给货运代理公司。货运代理公司将第五联、五联(附页)、六联、七联共四联撕下,作为报关单使用,第九或十联交托运人(货主)作为配舱回执,其余供内部各环节使用。

托运单虽然有10联之多,其核心单据则为第五、六、七联。第五联是装货单,盖有船公司或其代理的图章,是船公司发给船上负责人员和集装箱装卸作业区接受装货的指令,报关时海关查核后在此联盖放行章,船方(集装箱装卸作业区)凭此联收货装船。第六联供港区在货物装船前交外轮理货公司,当货物装船时与船上大副交接。第七联场站收据俗称黄联(黄色纸张,便于辨认),在货物装船时与船上大副签字(通常由集装箱码头堆场签字),退回船公司或其代理,据以签发提单。场站收据联单样单如表2-24所示:

表2-24 　　　　　　　　 集装箱货物托运单(场站收据托运联)

Shipper(发货人)			D/R NO(编号)	
Consignee(收货人)			集装箱货物托运单 货主留底	
Notify Party(通知人)				
Pre-carriage by (前程运输)	Place of Receipt (收货地点)			
Ocean Vessel(船名) Voy NO.(航次)	Port of Loading(装货港)			
Port of Discharge(卸货港)	Place of Delivery(交货地点)		Final Destination(目的地)	
Container NO.(集装箱号)	Seal NO.(封志号) Marks & Nos.(标记与号码)	NO. of Containers or Packages(箱数或件数)	Kind of Packages; Description of Goods(包装种类与货名)	Gross Weight(毛重/千克)	Measurement(尺码/立方米)

表 2 - 24(续)

Total Number of Containers or Packages (in Words) 集装箱数或件数合计（大写）							
Freight & Charges （运费与附加费）		Revenue Tons （运费吨）	Rate （运费率）	Per （每）	Prepaid （运费预付）	Collect （到付）	
Ex Rate （兑换率）	Prepaid at（预付地点）		Payable at（到付地点）		Place of Issue（签发地点）		
	Total Prepaid （预付总额）		NO. of Original B(S)/L （正本提单份数）				
Service Type on Receiving ☐ - CY ☐ - CFS ☐ - DOOR		Service Type on Delivery ☐ - CY ☐ - CFS ☐ - DOOR		Reefer Temperature Required （冷藏温度）		F	C
Type of Goods （种类）	☐Ordinary,☐Reefer,☐Dangerous,☐Auto （普通）　（冷藏）　（危险品）　（裸装车辆）			危险品		Class： Property： IMDG Code Page： UN NO.：	
	☐Liquid,☐Live animal,☐Bulk （液体）　（活动物）　（散货）						
可否转船		可否分批					

（2）集装箱货物托运单的填制方法。

集装箱货物托运与海运散货出口托运单基本相同，发货人在办理集装箱货物托运时，除应填写与海运散货出口托运单相似栏目内容外，还应标明托运货物的交接方式，如CY - CY、CFS - CFS 等和集装箱货物的种类如普通、冷藏、液体等。

（3）集装箱货物托运单的填制实例见表 2 - 25。

资料：

第一节操作实例信用证。

其他制单资料：

500 GUNNY BAGS LOAD IN 20 FOOT CONTAINER,PER CONTAINER

LOAD 250 GUNNY BAGS(CY - CY)

集装箱箱号：COSU8001215 HJCU8747654

封志号：XH156879 MU7865

D/R NO:086

设备交接单号：D - 356

提箱地点：NO. 68 HONGJIAN ROAD CHENGDU,CHINA

发往地点：NO. 87 WENHUA ROAD CHENGDU,CHINA

返回/收箱地点：NO. 66 YENGQI ROAD CHENGDU,CHINA

集装箱营运人：CHINA OCEAN SHIPPING(GROUP) CO.

运输工具牌号：TRUCK 川 B 0280236

装箱地点：NO. 87 WENHUA ROAD CHENGDU,CHINA

集装箱免费期限:5 天

出场日期:7 月 10 日 8 时

表 2－25　　　　　　　　集装箱货物托运单范本(场站收据托运联)

(DOCK RECEIPT)

Shipper(发货人) SICHUAN XIHUA IMPORT AND EXPORT COMPANY LTD. NO. 107 WENHUA ROAD CHENGDU,CHINA				D/R NO(编号)086		
Consignee(收货人) TO ORDER OF HOCK HUA BANK BERHAD				集装箱货物托运单 货主留底		
Notify Party(通知人) ABC TRADING P. O. BOX 1236,60078 SIBU,MALAYSIA						
Pre-carriage by (前程运输)		Place of Receipt (收货地点)				
Ocean Vessel(船名) Voy NO. (航次)		Port of Loading(装货港) SHANGHAI				
Port of Discharge(卸货港) SIBU		Place of Delivery(交货地点)		Final Destination(目的地)		
Container NO. (集装箱号) COSU8001215 HJCU8747654	Seal NO. (封志号); Marks & Nos. (标记与号码) XH156879 MU7865 ABC SIBU NOS. I—500	NO. of Containers or Packages(箱数或件数) 500 GUNNY BAGS IN 2 × 20 FOOT CONTAINER	Kind of Packages; Description of Goods(包装种类与货名) AGRICULTURAL IMPLEMENT 300 DOZEN S301B SHOVEL 200 DOZEN S302B SHOVEL		Gross Weight (毛重/千克) 120 000.0KGS	Measurement(尺码/立方米) 46m³
Total Number of Containers or Packages(in Words) 集装箱数或件数合计(大写)			SAY FIVE HUNDRED GUNNY BAGS ONLY (TWO CONTAINERS)			
Freight & Charges (运费与附加费) FREIGHT PREPAID		Revene Tons (运费吨)	Rate (运费率)	Per (每)	Prepaid (运费预付)	Collect (到付)
Ex Rate (兑换率)	Prepaid at(预付地点) SHANGHAI		Payable at(到付地点)		Place of Issue(签发地点) SHANGHAI	
	Total Prepaid (预付总额)		NO. of Original B(S)/L(正本提单份数) THREE(3)			
Service Type on Receiving ☑ – CY ☐ – CFS ☐ – DOOR		Service Type on Delivery ☑ – CY ☐ – CFS ☐ – DOOR		Reefer Temperature Required (冷藏温度)	F	C

表 2 – 25(续)

Type of Goods （种类）	☑ Ordinary,☐Reefer,☐Dangerous, ☐Auto √（普通）　（冷藏）　（危险品） （裸装车辆）	危险品	Class： Property： IMDG Code Page： UN NO.：
	☐Liquid,☐Live animal,☐Bulk （液体）　（活动物）　（散货）		
可否转船 Allowed	可否分批 Allowed		

3. 提取空箱

订舱后,货运代理应提出使用集装箱的申请,船方会做出安排并发放集装箱设备交接单。凭设备交接单,货运代理就可以安排提取所需的集装箱。例如在整箱货运时,通常由货运代理安排集装箱卡车运输公司(实践中通常称为"集卡车队")到集装箱堆场领取空箱,也可以由货主自己安排提箱。无论由谁安排提箱,在领取空箱时,提箱人都应该与集装箱堆场办理空箱交接手续,并填制设备交接单。交接单是在装卸区内集装箱所有者与使用者之间交接集装箱及设备的凭证。设备交接单一式六联,上面三联用于出场,下面三联是在货物装箱后送到港口作业区堆场时,进行重箱交接之用。

（1）设备交接单样本见表 2 – 26。

表 2 – 26　　　　　　　　　　　设备交接单

EQUIPMENT INTERCHANGE RECEIPT　　　　　　　OUT 出场

NO.：

用箱人/运箱人 CONTAINER USER/HAULIER		提箱地点 PLACE OF DELIVERY		
发往地点 DELIVERED TO		返回/收箱地点 PLACE OF RETURN		
船 名/航 次　VESSEL/ VOY NO.	集装箱号 CONTAINER NO.	尺　寸/类　型 SIZE/TYPE	营运人 CNTROPTR	
提单号 B/L NO.	铅封号 SEAL NO.	免 费 期 限　FREE TIME PERIOD	运输工具牌号 TRUCK,　　　　WAGON, BARGE NO.	
出场目的/状态 PPS OF GATE – OUT/STATUS		进场目的/状态 PPS OF GATE-IN/STATUS	出场日期 TIME – OUT	
			月　日　时	
出场检查记录 INSPECTION AT THE TIME OF INTERCHANGE				

表 2 – 26（续）

普通集装箱 GP CONTAINER	冷藏集装箱 RF CONTAINER	特种集装箱 SP CONTAINER	发电机 GEN SET
正常 SOUND 异常 DEFECTIVE	正常 SOUND 异常 DEFECTIVE	正常 SOUND 异常 DEFECTIVE	正常 SOUND 异常 DEFECTIVE

除列明者外,集装箱及集装箱设备交接时完好无损,铅封完好。

用箱人/运箱人:　　　　　码头/堆场值班员签字:

（2）集装箱设备交接单的填制方法

交接单号码：按船公司(船代)编制的号码填制；

经办日期：指制单日期；

经办人：要箱单位的经办人员；

用箱人：一般为订舱代理单位名称；

提箱点：空箱存放点；

船名、航次、提单号、货物发放地点：必须与关单相关项目一致；

经营人：指集装箱经营人；

尺寸、类型：可简写,如 20/DC,即 20 英尺干货箱；

集装箱号：指提取空箱箱号；

用箱点：货运代理人或货主的装箱地址；

收箱点：出口装船的港口作业区；

运箱工具：集卡车号；

出场目的/状态：如提取空箱,目的是装箱,状态是空箱；

进场目的/状态：如重箱进区,目的是装船,状态是重箱；

出场日期：空箱提离堆场日期；

进场日期：重箱进入港口作业区日期。

集装箱设备交接单的下半部分是出场或进场检查记录,由用箱人(运箱人)及集装箱堆场/码头工作人员在双方交接空箱或重箱时验明箱体记录情况,用以分清双方的责任。

（3）设备交接单的填制实例见表 2 – 27。

表 2 – 27　　　　　　　　　　　设备交接单范本
EQUIPMENT INTERCHANGE RECEIPT　　　　　　　　　　OUT 出场

NO.：D – 356

用箱人/运箱人		提箱地点
SINOTRANS SICHUAN CO		NO. 68 HONGJIAN ROAD, CHENGDU,CHINA
发往地点	返回/收箱地点	
NO. 87 WENHUA ROAD, CHENGDU,CHINA	NO. 66 YENGQI,ROADCHENGDU,CHINA	

表2-27(续)

船名/航次	集装箱号	尺寸/类型	营运人
DONGENG V. 122	COSU8001215	20/DC	CHINA OCEAN SHIPPING (GROUP) CO.
提单号	铅封号	免费期限	运输工具牌号
CPS5501		5 天	TRUCK 川 B 0280236
出场目的/状态		进场目的/状态	出场日期
装箱/空箱			7 月 10 日 8 时
出场检查记录			
普通集装箱	冷藏集装箱	特种集装箱	发电机
正常 √ 异常	正常 异常	正常 异常	正常√ 异常

除列明者外,集装箱及集装箱设备交接时应完好无损,重箱应铅封完好。
用箱人/运箱人 SINOTRANS SICHUAN CO 码头/堆场值班员签字:杨红

4. 货物装箱

集装箱的货物装箱工作大多由货运代理安排进行,并可以在货主的工厂、仓库装箱或是由货主将货物交由货运代理的集装箱货运站装箱。当然,也可以由货主自己安排货物的装箱工作。装箱人应该根据订舱单的资料,并核对场站收据和货物装箱的情况,填制集装箱货物装箱单。

(1)集装箱装箱单样本见表2-28。

表2-28

装箱单
CONTAINER LOAD PLAN

集装箱号 Container NO.	集装箱规格 Type of Container	铅封号 Seal NO.
船名 Ocean Vessel	航次 Voy NO.	卸货港 Port of Discharging

表 2 − 28（续）

提单号 B/L NO.	标志 Shipping Marks	件 数 及 包装 Packing & Numbers	货名 Descrip- tion of Goods	毛 重 G. W （kgs）	整箱重 Container G. W （kgs）	尺码（立 方米） Measure- ment （CBM）	收货人及通知人 Consignee & Notify Party
装箱地点 Loading Spot			装箱时间 Loading Date			发货人 Shipper	

（2）集装箱装箱单填制注意事项。

集装箱装箱单记载内容必须与场站收据保持一致；所装货物如品种不同必须按箱子前部到箱门的先后顺序填写。

（3）集装箱装箱单填制实例见表 2 − 29。

表 2 − 29

装箱单

CONTAINER LOAD PLAN

集装箱号 Container NO. COSU8001215		集装箱规格 Type of Contain- er： 20/DC		铅封号 Seal NO. XH156879			
船名 Ocean Vessel DONGENG		航次 Voy NO. V. 122		卸货港 Port of Discharging SIBU			
提单号 B/L NO.	标志 Shipping Marks	件数及包 装 Pack- ing & Num- bers	货名 Descrip- tion of Goods	毛重 G. W （kgs）	整箱重 Container G. W （kgs）	尺码（立 方米） Measure- ment （m³）	收货人及通知人 Consignee & Notify Party
CPS5501	ABC SIBU NOS. I —500	250 GUNNY BAGS	AGRICU LTURAL IMPLE- MENT	6 000. 00 KGS	6 500. 00 KGS	23m³	TO ORDER OF HOCK HUA BANK BERHAD ABC TRADING P. O. BOX 1236,60078 SIBU, MALAYSIA
装 箱 地 点 Loading Spot NO. 87 WENHUA ROAD, CHENGDU,CHINA			装箱时间 Loading Date 2005 年 7 月 11 日			发货人 Shipper SICHUAN XIHUA IMPORT AND EX- PORT COMPANY LTD. NO. 107 WEN- HUA ROAD,CHENGDU,CHINA <div align="right">顾华</div>	

5. 整箱货交接签证

由货运代理或发货人自行负责装箱并加封标志的整箱货,通过内陆运输运到承运人的集装箱码头堆场,并由码头堆场根据订舱清单,核对场站收据和装箱单接受货物。整箱货出运前也应办理出口手续。集装箱码头堆场在验收货箱后,即在场站收据上签字,并将签署的场站收据还给货运代理或发货人。货运代理或发货人可以凭签署的场站收据要求承运人签发提单。

6. 换取提单

在支付了预付运费后(在预付运费的情况下),货运代理或发货人凭已签署的场站收据,就可以向负责集装箱的人或其代理人换取提单。发货人取得提单后,就可以去银行结汇。

7. 装船

集装箱码头堆场或集装箱装卸区根据接受待装的货箱情况,制定出装船计划,等船靠泊以后即行装船。

二、集装箱整箱货进口货运代理业务流程

海运进口的货运代理业务是我国货运代理业务中涉及面最广、路线最长、量最大、货种最复杂的货运代理业务。完整的海运进口业务从国外接货开始,包括安排装船、安排运输、代办保险,直至货物运到我国港口后的卸货,接运报关报验、转运等业务。

(一)集装箱整箱货进口货运代理业务流程

集装箱整箱货进口货运代理业务流程如图 2-5 所示。

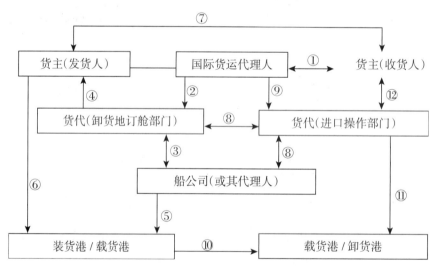

图 2-5　整箱货进口货运集装箱代理业务流程图

图注:

①货主(收货人)与货代建立货运代理关系;

②在买方安排运输贸易合同下,货代办理 Home Booking 业务,落实货单即可;

③货代编制货物清单后,向船公司办理订舱手续;

④货代通知买卖合同中的卖方(实际发货人)及装货港代理人;

⑤船公司安排载货船舶抵装货港;

⑥实际发货人将货物交给船公司,货物装船后发货人取得有关运输单证;

⑦货主之间办理交易手续及单证;

⑧货代掌握船舶动态,收集、保管好有关单证;

(注:在卖方安排运输的贸易合同下,前②—⑦项不需要)

⑨货代及时办理进口货物的单证及相关手续;

⑩船抵卸货港卸货、货物入库、进场;

⑪在办理了货物进口报关等手续后,即可凭提货单到现场提货,特殊情况下可在船边提货;

⑫货代安排将货物交收货人,并办理空箱回运到空箱堆场等事宜。

(二)集装箱整箱货进口货运代理业务流程

整箱货进口货运集装箱代理业务流程为:货运代理接受委托——卸货地订舱——接运工作——报检报关——监管转运——提取货物。

1. 货运代理接受委托

货运代理与货主双方建立的委托关系可以是长期的,也可以是就某一批货物而签订的。在建立了长期关系的情况下,委托人往往会把代理写在合同的一些条款中,这样,国外发货人在履行合约有关运输部分时会直接与代理联系,有助于提高工作效率和避免联系脱节的现象发生。

2. 卸货地订舱

如果货物以 FOB 价格成交,货运代理接受收货人委托后,就负有订舱或租船的责任,并有将船名、装船期通知发货人的义务。特别是在采用特殊集装箱运输时,更应尽早预订舱位。

3. 接运工作

接运工作要做到及时、迅速。主要工作包括加强内部管理、做好接货准备、及时告知收货人、汇集单证、及时与港方联系、谨慎接卸。

4. 报检报关

根据国家有关法律法规的规定,进口货物必须办理验收手续后,收货人才能提取货物。因此,必须及时办理有关报检、报关等手续。

5. 监管转运

进口货物入境后,一般在港口报关放行后再内运,但经收货人要求,经海关核准也可运往另一设关地点办理海关手续,称为转关运输货物,属于海关监管货物。办理转关运输的申报人必须持有海关颁发的转关登记手册,承运转关运输货物的承运单位必须是经海关核准的运输企业,持有转关运输转载证;监管货物在到达地申报时,必须递交进境地海关转关关封、转关登记手册和转关运输准载证,申报必须及时,并由海关签发回执,交进境地海关。

6. 提取货物

货运代理向货主交货有两种情况:一是象征性交货,即以单证交接,货物到港经海关验收,并在提货单上加盖海关放行章,将该提货单交给货主,即为交货完毕;二是实际性交货,即除完成报关放行外,货运代理负责向港口装卸区办理提货,并负责将货物运到货主指定地点,交给货主。集装箱整箱货运输中通常货代还应负责空箱的还箱工作。以上两种交货,都应做好交货工作的记录。提货单样本如表 2-30 所示:

表 2 - 30   提货单
                                DELIVERY ORDER   NO.
                                                                 禁止流通

收货人			下列货物已办妥手续,运费结清,请准许交付收货人
船名	航次	起运港	
提单号	买货条款	目的港	
卸货地	进场日期	箱进口状态	
抵港日期		到付海运费	
一程船		提单号	
集装箱号/铅封号	货物名称		件 数 与包装	重量（kgs）	体积（m³）
请核对放货: 凡属法定检验、检疫的进口商品,必须向有关监督机关申报。			中国外运四川分公司提货专用章
收货人章	海关章			

三、集装箱拼箱货货运代理业务流程

（一）集装箱拼箱货货运代理业务流程图

集装箱运输的货物分整箱货和拼箱货。有条件的货代公司也能承办拼箱业务,即接受客户尺码或重量达不到整箱要求的小批量货物,把不同收货人、同一卸货港的货物集中起来,拼成一个20英尺或40英尺整箱,这就是集拼。集装箱拼箱货货运代理业务流程如图2-6所示:

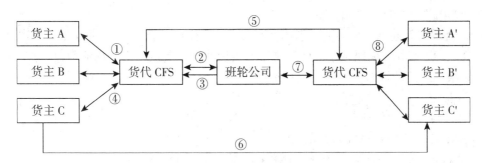

图2-6 拼箱货货运代理业务流程图

图注:

①A、B、C等不同货主(发货人)将不足一个集装箱的货物(LCL)交集拼经营人;

②集拼经营人将拼箱货拼装成整箱后,向班轮公司办理整箱货物运输;

③整箱货装船后,班轮公司签发B/L或其他单据(如海运单)给集拼经营人;

④集拼经营人在货物装船后签发自己的提单(House-B/L)给每一个货主;

⑤集拼经营人将货物装船及船舶预计抵达卸货港等信息告知其卸货港的机构(代理人),同时还将班轮公司B/L及House-B/L的复印件等单据交卸货港代理人,以便向班轮公司提货和向收货人交付货物;

⑥货主之间办理包括House-B/L在内的有关单据的交接;

⑦集拼经营人在卸货港的代理人凭班轮公司的提单提取整箱货;

⑧A′、B′、C′等不同货主(收货人)凭House-B/L在CFS提取拼箱货。

(二)集装箱拼箱货货运代理业务

货运代理应对集拼的每票货物各缮制一套托运单(场站收据托运联),附于一套汇总的托运单(场站收据)上。例如有五票货物拼成一个整箱,这五票货物须分别按其货名、数量、包装、重量、尺码等各自缮制托运单,另外缮制一套总的托运单,货名可作为"集拼货物"(Consolidated Cargo),数量是总的件数,目的港是统一的,提单号也是统一的编号,但五票分单的提单号则在这个统一编号之后加上A、B、C、D、E进行区别,货物出运后,船公司或其代理人按总托运单签一份海运提单(Ocean B/L),托运人是货代公司,收货人是货代公司的卸货港的代理人,然后货代公司根据海运提单,按五票货物的托运单(场站收据)内容签发五份仓至仓提单(House B/L),编号按海运提单号,尾部分别加上A、B、C、D、E,其内容则与各托运单一致,分发给各托运人到银行结汇用。

另一方面,货代公司须将船公司或其代理人签发给他的海运提单正本连同自己签发的各House B/L副本快邮给卸货港的代理人,代理人在船到时向船方提供海运提单正本,提取该集装箱到自己的货运站(CFS)拆箱,通知House B/L的各收货人持正本House B/L前来提货。

四、技能训练

1. 四川和洋进出口公司委托丰海货代公司从广州代理运输一批集装箱货物到美国的西雅图(CY-CY),分组模拟海运集装箱整箱货出口货运代理业务流程。熟悉各流程,写出所需货运单证,画出流程图。(货主自行报关、报验)

2. 成都精英进出口公司委托益海货代公司从宁波代理运输一批集装箱货物到加拿大的温哥华(CY-CY),分组模拟海运集装箱整箱货进口货运代理业务流程。熟悉各流程,写出所需货运单证,画出流程图。

3. 成都精英进出口公司委托益海货代公司从新加坡代理运输一批集装箱货物到青岛(CFS – CFS),分组模拟海运集装箱拼箱货货运代理业务流程。画出流程图。

4. 根据所给的资料填制集装箱托运单一份。

信用证:

中国银行新加坡分行

BANK OF CHINA SINGAPORE BRANCH

4 BATTERY ROAD #01 – 008 BANK OF CHINA BUILDING,

SINGAPORE 049908　TEL:4398333

CABLE:CHUNGKUO　TELEX:223047BKCHING

FAX:3458792　SWIFT:BKCHSGSG

ADVISING BANK:BANK OF CHINA,SHANGHAI

IRREVOCABLE DOCUMENTARY CREDIT NO. :1123456

DATED:15 APR. ,2005

DATE AND PLACE OF EXPIRY:27 MAY,2005 IN BENEFICIARY'S

COUNTRY

BENEFICIARY:SHANGHAI JINHAI IMP AND EXP GROUP GARMENTS

BRANCH

NO 50,LANE 424 YAOHUA ROAD,SHANGHAI,CHINA

APPLICANT:ANTAK DEVELOPMENT PTE LDT

101 KIT CHENER ROAD JALAN PLA 2A,SINGAPORE

TEL NO. :3423457

FAX NO. :4723456

AMOUNT:USD 56 300. 00 CIF SINGAPORE(SAY UNITED DOLLARS FIFTY SIX THOUSAND AND THREE HUNDRED ONLY)

PARTIAL SHIPMENT:NOT ALLOWED

TRANSHIPMENT:NOT ALLOWED

SHIPMENT FROM CHINA PORT TO SINGAPORE

LATEST SHIPMENT DATE:25 MAY 2005

THIS CREDIT IS AVAILABLE WITH THE ADVISING BANK BY NEGOTIATION A-GAINST PRESENTATION OF THE DOCUMENTS DETAILER HEREIN AND BENEFICIARY'S DRAFT(S) AT SIGHT DRAWN ON ISSUING BANK FOR FULL INVOICE VALUE.

DOCUMENTS REQUIRED(IN TWO FOLD UNLESS OTHERWISE STIPULATED):

1)SIGNED COMMERCIAL INVOICE

2)SIGNED WEIGHT /PACKING LIST

3)CERTIFICATE OF CHINESE ORIGIN

4)INSURANCE POLICY /CERTIFICATE ENDORSED IN BLANK FOR 110% CIF VAL-UE COVERING:ALL RISKS AND WAR RISK

5)FULL SET PLUS ONE PHOTO COPY OF CLEAN ON BOARD OCEAN BILLS OF

LADING MADE OUT TO ORDER OF BANK OF CHINA, SINGAPORE, MARKED FREIGHT PREPAID AND NOTIFY APPLICANT EVIDENCING SHIPMENT OF:

700 DOZEN MEN COTTON WOVEN LABOURER SHIRTS(USD 19 180. 00)

800 DOZEN MEN COTTON WOVEN SHIRTS(USD 31 680. 00)

160 DOZEN MEN COTTON WOVEN SHIRTS(USD 5 440. 00)

S/C NO. :00SHGM3178B

SHIPPING MARKS:

K. K. G. T.

73178 SINGAPORE

NO. 1 - 190

OTHER TERMS AND CONDITIONS:

1) ALL BANK CHARGES, INCLUDING REIMBURSEMENT CHARGES, OUTSIDE SINGAPORE ARE FOR ACCOUNT OF BENEFICIARY.

2) THE NUMBER AND DATE OF THIS CREDIT, AND THE NAME OF ISSUING BANK MUST BE QUOTED ON ALL DOCUMENTS.

3) THE WHOLE CONSIGNMENT TO BE UNDER ONE BILL OF LADING.

4) BENEFICIARY'S CERTIFICATE TO CERTIFY THE FOLLOWINGS ARE REQUIRED:

(A) INVOICE WEIGHT/PACKING LIST AND NONNEGOTIABLE BILL OF LADING MUST BE AIRMAILED TO THE APPLICANT IMMEDIATELY AFTER SHIPMENT.

(B) COPIES OF INVOICE AND BILLS OF LADING HAVE BEEN FAXED TO APPLICANT IMMEDIATELY AFTER SHIPMENT.

5) INSURANCE POLICY OR CERTIFICATE MUST SHOW CLAIMS SETTING AGENT AS: "CHINA INSURANCE CO. LTD SINGAPORE".

6) BILLS OF LADING TO EVIDENCE THE FOLLOWINGS:

(A) SHIPMENT EFFECTED INTO 20 FOOT CONTAINER LOAD(CY - CY).

(B) SHIPMENT EFFECTED BY CONTAINERIZED VESSEL ONLY.

(C) SHOWING APPLICANT'S ADDRESS, TELEPHONE NOS. AND FAX NO.

(D) SHOWING CARRIER/CARRIER'S AGENT AS: " CHINA OCEAN SHIPPING (GROUP) CO".

(E) SHOWING CONTAINER NUMBER.

7) PACKING: GOODS MUST BE PACKED IN STRONG CARTONS AND STRAPPED WITH STRONG NYLON STRAPS. WEIGHT/PACKING LIST TO SHOW THIS EFFECT IS REQUIRED.

8) ALLOWED TO INCREASE OR DECREASE THE QUANTITY AND AMOUNT BY 5%.

INSTRUCTION TO THE NEGOTIATING BANK:

THE AMOUNT AND DATE OF EACH NEGOTIATION MUST BE ENDORSED ON THE REVERSE OF THE ORIGINAL CREDIT BY THE NEGOTIATING BANK.

ALL DOCUMENTS ARE TO BE SENT TO ISSUING BANK IN ONE LOT. UPON RECEIPT OF DOCUMENTS IN CONFORMITY WITH THE TERMS AND CONDITIONS OF THIS

CREDIT,WE SHALL CREDIT OUR HEAD OFFICE ACCOUNT WITH US.

THIS CREDIT IS ISSUED SUBJECT TO *UCP*500.

AUTHORISED   SIGNATURES

发票号:SHGM 7056   日期:2005 年 5 月 10 日

货物装运情况:每件货物毛、净重及尺码:

货号/规格	装运量及单位	毛/净重(件)	尺码
1094L	700DOZ	33KGS/31KGS	68×46×45cm
286G	800DOZ	45KGS/43KGS	72×47×49cm
666	160DOZ	33KGS/31KGS	68×46×45cm

包装情况:

一件——塑胶袋,6 件——牛皮纸包,8 打或 10 打——外包装。

尺码搭配:

(1)1094L:15   16   17

　　　　　3   3   4 = 10 打/箱

(2)286G: M   L   XL

　　　　　1.5   3   3.5 = 8 打/箱

(3)666: M   L   XL

　　　　　1.5   3.5   3 = 8 打/箱

提单号码:COSC – 503

承运船名及航次:ZHONGGHE V. 040

集装箱号:COSU – 257289   铅封号:GH1234

B/L DATE:2005 年 5 月 13 日   装箱地点和时间:上海   2005 年 5 月 6 日

装运港:上海

保险单号码:SZDB331   日期:2005 年 5 月 11 日

保险代理:CHINA INSURANCE CO LTD.

4 BATTERY ROAD # 08 – 0018TH FLOOR

BANK OF CHINA BUILDING SINGAPORE 0104

产地证编号:7681249

商品编码:6211. 3200

5. 根据第二章第一节技能训练中第四题和下列资料正确缮制集装箱场站收据托运联、设备交接单和装箱单各一份。

资料:

200 GUNNY BAGS LOADIN A 20 FOOT CONTAINER(CY – CY)

集装箱箱号:HJCU8747654

封志号:MU7865;D/R NO:016

设备交接单号:T – 36

提箱地点:NO. 78 HONGJIAN ROAD,DALIAN,CHINA

发往地点:NO. 67 WENHUA ROAD,DALIAN,CHINA

返回/收箱地点:NO. 6 YENGQI ROAD,DALIAN,CHINA

集装箱营运人:CHINA OCEAN SHIPPING(GROUP)CO. DALIAN BRANCH

运输工具牌: B0120236

装箱地点:NO. 24 WENHUA ROAD,DALIAN,CHINA

集装箱免费时间:8 天

出场时间:2005 年 9 月 18 日

6. 根据以下托运单(见表 2 – 31、表 2 – 32),代新信货代公司填一份集拼货物托运联。

表 2 – 31   集装箱货物托运单

Shipper(发货人) HONGMING IMPORT AND EXPORT CORPO-RATION 25 SHUANGLAN ROAD, CHENG-DU,CHINA			D/R NO. (编号) 018A		
Consignee(收货人) TO ORDER			集装箱货物托运单 货主留底		
Notify Party(通知人) TOYOHANM CO. LTD 65 NISHIK16 – CHOME KOBE,JAPAN					
Pre-carriage by (前程运输)	Place of Receipt (收货地点)				
Ocean Vessel (船名) Voy NO. (航次)	Port of Loading (装货港) SHANGHAI				
Port of Discharge(卸货港) KOBE	Place of Delivery(交货地点)		Final Destination(目的地)		
Container NO. (集装箱号)	Seal NO. (封志号) Marks & Nos. (标记与号码) T. C KOBE NO.1 – 100	NO. of Containers or PKGS. (箱数或件数) 100 CARTONS	Kind of Packages; Description of Goods (包装种类与货名) 100% COTTON QUILT CASE	Gross Weight (毛重/千克) 4 000. 00 KGS	Measurement (尺码/立方米) 6. 000m³
Total Number of Containers or Packages(In Words) 集装箱数或件数合计(大写)	SAY ONE HUNDRED CARTONS ONLY				

63

Freight & Charges（运费与附加费）Freight Prepaid		Revenue Tons（运费吨）	Rate（运费率）	Per（每）	Prepaid（运费预付）	Collect（到付）
Ex Rate（兑换率）	Prepaid at（预付地点）SHANGHAI		Payable at（到付地点）		Place of Issue（签发地点）	
	Total Prepaid（预付总额）		NO. of Original B（S）/L（正本提单份数）THREE（3）			

Service on Receiving □ － CY － CFS □ － DOOR	Type ✓	Service Type on Delivery □ － CY ✓ □ － DOOR	✓ － CFS	Reefer Temperature Required（冷藏温度）	F	C

Type of Goods（种类）	✓ Ordinary, □Reefer, □Dangerous, □Auto. √（普通）（冷藏）（危险品）（裸装车辆）	危险品	Class：Property：IMDG Code Page：UN NO.：
	□Liquid, □Live Animal, □Bulk（液体）（活动物）（散货）		

可否转船 NO	可否分批 NO	托运人签字 HONGMING IMPORT AND EXPORT CORORATION 王月

表 2 - 32　　　　　　　　集装箱货物托运单（场站收据托运联）

Shipper(发货人) SHANDONG ZHONGHAI IMP AND EXP CORP 11 SHUHAN ROAD,CHENGDU,CHINA	D/R NO. （编号） 018D
Consignee(收货人) TO ORDER	集装箱货物托运单 货主留底
Notify Party(通知人) YANLIN FREIGHT FORWARDER CO LTD 86 VINCENT STREET KOBE JAPAN	

Pre-carriage by （前程运输）	Place of Receipt （收货地点）
Ocean Vessel （船名） Voy NO. （航次）	Port of Loading （装货港） SHANGHAI

Port of Discharge（卸货港） KOBE	Place of Delivery（交货地点）	Final Destination（目的地）

Container NO. （集装箱号）	Seal NO. （封志号） Marks & Nos. （标记与号码） G. A KOBE NO1 - 200	NO. of Containers or PKGS （箱数或件数） 200 CARTONS	Kind of Packages；Description of Goods （包装种类与货名） WOOLLEN BLANKET	Gross Weight （毛重/千克） 12 000. 00 KGS	Measurement （尺码/立方米） 11.000m³

Total Number of Containers or Packages(In Words) 集装箱数或件数合计（大写）	SAY ONE HUNDRED CARTONS ONLY

Freight & Charges （运费与附加费） FREIGHT PREPAID	Revenue Tons （运费吨）	Rate （运费率）	Per （每）	Prepaid （运费预付）	Collect （到付）

65

表 2 – 32(续)

Ex Rate （兑换率）	Prepaid at （预付地点） SHANGHAI		Payable at （到付地点）	Place of Issue （签发地点）	
	Total Prepaid （预付总额）		NO. of Original B（S）/L （正本提单份数） THREE（3）		
Service on Receiving Type ☐ – CY – CFS ☐ – DOOR	☑	Service Type on Delivery ☐ – CY ☑ – CFS ☐ – DOOR	Reefer Temperature Required （冷藏温度）	F	C
Type of Goods （种类）	☑ Ordinary，☐Reefer，☐Dangerous，☐Auto. （普通）　（冷藏）　（危险品） （裸装车辆） ☐Liquid，☐Live Animal，☐Bulk （液体）　（活动物）　（散货）		危险品	Class： Property： IMDG Code Page： UN NO.：	
可否转船 NO	可否分批 NO		托运人签字 SHANDONG ZHONGHAI IMP AND EXP CORP 　　　　　　　　　　　　　　　　李丰		

第三章
海运提单

提示:

通过本章的学习,学生应能熟悉海运提单的性质和作用、海运提单的种类,掌握海运提单的填制方法。

一、海运提单的性质和作用

(1)提单是货物收据,证明承运人已按提单所载内容收到货物。

(2)提单是物权凭证。提单合法持有人凭提单在目的港向承运人提取货物,也可以在货物到达目的港之前,通过转让提单而转移货物所有权,或凭以向银行办理抵押贷款。

(3)提单是承运人与托运人之间所订运输合同的证明。

(4)提单是托运人凭以向银行办理议付、结汇的主要单据之一。

二、海运提单的种类

(一)已装船提单

已装船提单是指货物已经装上指定船只的提单。提单内注有"SHIPPED ON BOARD"字样,并注明装货船名和装船日期。

(二)备运提单

这是表明货物已收妥但尚未装船的提单。提单内注有"RECEIVED FOR SHIPMENT"字样,提单中只有签单日期而没有装运日期,一般不能凭以结汇和提货。一旦货物装上船后,提单应加装船批注,从而构成已装船提单。

(三)清洁提单

这是指在提单签发时未被加注任何货损或包装不良之类批注的提单。结汇如无特殊规定必须提供这种提单。

(四)不清洁提单

这种提单上被加注有货物或包装缺陷的批语,如无特殊规定一般不能凭以结汇。习惯上,托运人为取得清洁提单,往往向承运人或其代理人出具保函,以换取清洁提单,但承运人要承担极大的风险。

(五)指示提单

这种提单在"收货人"栏内填写"凭指示"(TO ORDER)或"凭……指示",可以通过

67

背书的方法转让给他人提货。

（六）记名提单

记名提单又称收货人抬头提单，是由托运人指定收货人的提单。这种提单在收货人栏内填具体收货人名称。托运人不得在记名提单上背书转让，但指定收货人可以转让。

（七）不记名提单

这是指在收货人栏内只填交与持有人的提单。这种提单不需背书即可转让，但是一旦提单遗失或被盗，货物就很容易被人提走，而且极易引起纠纷。

三、提单的缮制

（一）提单号码(B/L NO.)

提单上必须注明承运人及其代理人规定的提单编号，以便核查，否则提单无效。

（二）托运人(SHIPPER)

本栏目填写出口人的名称和地址。

《UCP500》规定，如信用证无其他规定，提单可以第三方作为托运人。此时，受益人可能是中间商，而第三方才是实际出口人。

（三）收货人(CONSIGNEE)与背书

提单收货人又称抬头人，与托运单收货人栏目的填写完全一致。

1. 指示抬头

指示抬头也称空白抬头，即在提单收货人栏内填写"To Order"或"Order"（凭指示）。这种提单须经托运人背书后转让。

例如，如来证规定"made out to order and endorsed to ABC Bank..."，则提单收货人的填写及背书手续如下：

提单收货人栏内填写：To Order

提单背面由托运人作记名背书：Deliver to ABC Bank

For DNO Co.

×××（托运人签章）

2. 凭××指示抬头

凭××指示抬头也称空白抬头，即在提单收货人栏内填写"To Order of ×××"（凭×××指示），这种提单须由收货人栏规定的指定人背书后方可转让。

例如，如来证规定"...made out to our order and endorsed in blank..."，则提单收货人的填写及背书手续如下（设开证行为 ABC 银行）：

提单收货人栏填写：To Order of ABC Bank

提单背面由 ABC 银行作空白背书，即 ABC 银行签章即可。

（四）被通知人(NOTIFY PARTY, NOTIFY, ADDRESSED TO)

被通知人是指货物到达目的地后，承运人将要通知其前来办理接货事宜的有关当事人。该当事人并不一定是收货人，而往往只是收货人的代理人，货到目的港时由承运人通知其办理报关提货等手续。本栏目的填写与托运单相同栏目的内容一致。

（1）在信用证方式下，应按信用证规定填制。如来证规定"Full Set of B/L... Notify Applicant"，应在本栏目中将开证申请人的全称及地址填上。

（2）托运方式下，本栏目可填写合同的买方。

（五）船名（NAME OF VESSEL）

填写实际载货船舶的名称和本次航行的航次。例如：FengQing V. 102。没有航次的可以不填航次。

（六）装货港（PORT OF LOADING）

（1）按信用证规定填写。如信用证只笼统规定为"Chinese Port"，制单时应按实际情况填写具体的港口名称，如"Qingdao"。如信用证同时列明几个装货港，如"Xingang/Qinhuangdao/Tangshan"，提单只能填写其中一个实际装运港口名称。

（2）托运方式下，应按合同规定填写。

（七）卸货港（PORT OF DISCHARGE）

卸货港是指海运承运人终止承运责任的港口，即目的港。

（1）除 FOB 价格条件下，卸货港不能填笼统的名称，如"European Main Port"，必须列出具体的港口名称。在国际上港口有重名的，还应加注国别名称。

（2）如经转船，应在卸货港名称之后加注转船港名称，如"Rotterdam W/T at Hongkong"，或在货名栏下方的空白处加注转船的说明。

（3）如货物在卸货港后须经内陆转运或陆运至邻国，应在填写卸货港名称后，另在货名栏下方的空白处或在唛头中加注"In Transit to ×××"，切不能在卸货港名称后加填，以说明卖方只负责装货运至该卸货港，以后的转运由买方负担。

（4）对美国、加拿大 O. C. P 地区出口，卸货港名称后可注"O. C. P"字样。如来证要求注明转运的内陆城市名称，可在货名栏下的空白处或唛头中加注"O. C. P ×××（内陆城市名称）"，以便中转公司办理转运至该内陆城市。

（5）如来证规定卸货港为"London/Hamburg/Rotterdam"，表示由卖方选港，提单只能填写其中一个港口名称。

（八）最终目的地（FINAL DESTINATION）

最终目的地指联合运输终点站。本栏目应当是运输的最终目的地。如属港至港提单，则本栏目可留空不填或仍填卸货港名称。

（九）唛头（MARKS NO.）

唛头应按信用证规定缮制。

（十）件数和包装种类（NUMBER AND KIND OF PACKAGES）

（1）对包装货，本栏目应填写包装数量和计量单位，如"100 bales"，"250 drums"等。在栏目下面的空白处或大写栏内加注大写件数，如"SAY ONE HUNDRED BALES ONLY"。

（2）如是散装货，本栏目可加注"In bulk"，无须加大写。

（3）如是裸装货，应加件数。如一辆汽车，填"1 unit"，100 头牛，填"100 head"等，并加注大写数量。

（4）如果是两种或多种包装，应逐项列明件数和包装种类并加注合计数，在大写栏内或空白处注明大写合计数量。

（十一）货名（DESCRIPTION OF GOODS）

提单列明的货名仅是信用证规定的装运的货物，应与信用证和发票及其他单据相一致。如发票货名过多或过细，提单可打出货物的统称，但不得与发票货名相矛盾。

（十二）毛重和尺码（GROSS WEIGHT，MEASUREMENT）

（1）如无特别规定，提单上填毛重不填净重。一般以千克为单位，千克以下四舍五入。

（2）如没有毛重只有净重，应先加注"Net Weight"或"N. W"再列明具体的净重数量。

（3）尺码以立方米表示，立方米以下保留小数点后三位数。

（十三）运费和费用（FREIGHT AND CHARGES）

除非有特别规定，本栏只填列运费的支付情况，不填具体金额。

（1）按 CIF 或 CFR 等价格条件成交时，运费在签发提单之前支付，本栏目应注明"Freight Paid"或"Freight Prepaid"。

（2）按 FOB 或 FAS 等价格条件成交时，运费在目的港支付，本栏目应注明"Freight to Collect"或"Freight Payable at Destination"。

（3）全程租船运输时，本栏目注明"As Arranged"。

（十四）运费支付地（FREIGHT PAYABLE AT）

本栏目填实际支付运费的地点。

（十五）正本提单份数（NUMBER OF ORIGINAL BS/L）

收货人凭正本提单提货。正本提单的份数应按信用证的要求，在本栏目内用大写（如 TWO、THREE 等）注明。每份正本提单的效力相同，凭其中一份提货后，其余各份失效。

（十六）签单地点和日期（PLACE AND DATE ISSUE）

提单的签单地点应为装运地点。提单签发日期即为装运日期，应不迟于信用或合同规定的最迟装运日期。

（十七）签署（SIGNATURE）

1. 承运人签字

提单上部：COSCO

提单签字处：COSCO

（签字）

AS CARRIER 或者 THE CARRIER

2. 代理人签字

提单上部：COSCO

提单签字处：ABC SHIPPING CO.

（签字）

AS AGENT FOR AND/OR ON BEHALF OF THE CARRIER COSCO

3. 船长签字

提单上部：COSCO

提单签字处：COSCO（或不加注或加注船名）

（签字）

AS MASTER 或 THE MASTER

4. 代理人签字

提单上部：COSCO

提单签字处：ABC SHIPPING CO.

（签字）

AS AGENT FOR AND /OR ON BEHALF OF THE MASTER

×××OF THE CARRIER COSCO

（十八）前段运输（PRE-CARRIAGE BY ）

这是指联合运输过程中在装货港装船前的运输。例如,从石家庄用火车将货运到新港,再由新港装船运至目的港,此栏可填写"WAGON NO. ×××"。

（十九）收货地点和交货地点

收货地点,指前段运输的收货处。如上例,就注明"石家庄"。交货地点是联合运输的终点站,应填写最终目的地名称。

（二十）集装箱号、铅封号（CONTAINER NO. AND SEAL NO. ）

装载集装箱货物,如果一张提单之下的货物要装载两个以上集装箱,应分别列出每个集装箱的规格、箱号、签封号、件数、毛重、尺码以及集装箱交接方式。假设有一批货物共 1200 袋,装两个集装箱,则应分别表示如下：20′CBHU0358765 23835 600 BAGS 16 800KGS 26.567M CY/CY,20′ CBHU0358724 23836 600 BAGS 16 800KGS 26.567M CY/CY。其意即为：第一个集装箱规格是 20 英尺,箱号为 CBHU0358765,签封号为 23835,该箱装 600 袋,毛重 16 800 千克,尺码 26.567 立方米,集装箱交接方式为 CY/CY。如果提单上没有设置专门的栏目,应在提单的空白处打上集装箱号。铅封号是海关查验货物后作为封箱的铅制关封号,应如实注明。

（二十一）证明内容

证明内容是指信用证要求在提单上对某项内容加以证实的条款,如货船不能停泊某港口,或船只不得悬挂某国国旗,或某些其他特别条款。这些条款千万不能忽略,应在提单上如实显示出来。如 L/C 规定：3/3 ORIGINAL PLUS TWO NON-GEGOTIABLE COPIES OF CLEAN ON BOARD OCEAN BILLS OF LADING TO THE OREDER OF SHIPPER, BLANK ENDORSED,MARKED"FREIGHT PREPAID" AND SHOWING NOTIFY ZB INDUS-TRIED INC, CA, AND STATING THAT "THIS REFRIGERATED CARGO WAS STOWED AND MAINTAINED AT MINUS 18 DEGREES C OR LOWER",则应在提单上注明以冷藏车装运。

四、提单填制实例

根据所提供的信用证填制提单：

（一）信用证资料

ZCZC

FROM：CHEMICAL BANK NEW YORK

OUR REF：NY980520004658001T01

TO ：BANK OF CHINA SHANGHAI BRANCH

50 HUQIU ROAD,SHANGHAI

PEOPLE'S REP. OF CHINA

TEST：FOR USD 188 256.00 ON DATE14/04/2018

PLEASE ADVISE BENEFICIARY OF THE FOLLOWING IRREVOCABLE LETTER OF

CREDIT ISSUED BY US IN THEIR FAVOR SUBJECT TO "UCP 500" :

DOCUMENTARY CREDIT NUMBER: DRG – LDLC01

DATE AND PLACE OF EXPIRY : June 15th 2018, IN CHINA

APPLICANT : DRAGON TOY CO. , LTD. 1180 CHURCH ROAD NEW YORK, PA 19446 IN U. S. A.

BENEFICIARY: LIDA TRADING CO. LTD NO. 1267 EAST NANJING ROAD SHANG-HAI, CHINA

AMOUNT: USD 188 256.00

SAY UNITED STATES DOLLARS ONE HUNDRED AND EIGHTY EIGHT THOUSAND TWO HUNDRED AND FIFTY SIX ONLY.

AVAILABLE WITH : ANY BANK

BY: NEGOTIATION OF BENEFICIARY'S DRAFT(S) AT 30 DAYS' SIGHT DRAWN ON CHEMICAL BANK, NEW YORK, ACCOMPANIED BY THE DOCUMENTS INDICATED HEREIN.

COVERING SHIPMENT OF :

COMMODITY ART. NO. QUANTITY

TELECONTROL RACING CAR

18812   2100 PIECES
18814   2100 PIECES
18817   2100 PIECES
18818   2100 PIECES

SHIPPING TERMS : CIF NEW YORK

SHIPPING MARK: LD – DRGSC01/DRAGON TOY/NEW YORK/NO. 1 – UP

DOCUMENTS REQUIRED :

– 3 COPIES OF COMMERCIAL INVOICE SHOWING VALUE IN U. S. DOLLARS AND INDICATING L/C NO. AND CONTRACT NO.

– 2 COPIES OF PACKING LIST SHOWING GROSS/NET WEIGHT AND MEASURE-MENT OF EACH CARTON.

– CERTIFICATE OF ORIGIN IN TRIPLICATE ISSUED BY CHINA CHAMBER OF IN-TERNATIONAL COMMERCE.

– 2 COPIES OF INSURANCE POLICY OR CERTIFICATE ENDORSED IN BLANK FOR THE TOTAL INVOICE VALUE PLUS 10% COVERING ALL RISKS AND WAR RISK AS PER AND SUBJECT TO OCEAN MARINE CARGO CLAUSES OF THE PEOPLE'S INSUR-ANCE COMPANY OF CHINA DATED 1/1/1981.

– 3/3 SET AND ONE COPY OF CLEAN ON BOARD OCEAN BILLS OF LADING MADE OUT TO ORDER AND BLANK ENDORSED MARKED FREIGHT PREPAID AND NO-TIFY APPLICANT.

PARTIAL SHIPMENTS: PERMITTED

TRANSSHIPMENTS: PERMITTED

SHIPMENT FROM : SHANGHAI, CHINA   TO: NEW YORK

NOT LATER THAN : MAY 31, 2018

DOCUMENTS MUST BE PRESENTED WITHIN 15 DAYS AFTER SHIPMENT, BUT WITHIN VALIDITY OF THE LETTER OF CREDIT.

INSTRUCTIONS TO THE PAYING/ACCEPTING /NEGOTIATING BANK：

NEGOTIATING BANK IS TO FORWARD ALL DOCUMENTS IN ONE AIRMAIL TO CHEMICAL BANK NEW YORK, 55 WATER STREET, ROOM 1702, NEW YORK, NEW YORK 10041 U. S. A ATTN：LETTER OF CREDIT DEPARTMENT

END OF MESSAGE

NN/

62814 CBC VW

（WRU）

34127 8B BOCSH CN

……

NNNN

补充资料：

14 Pieces in a Carton

G. W 9 200kg

MEAS：99. 533m^3

（二）填制范例

表 3 -1 是提单填制的范例。

表 3 -1 　　　　　　　　　　　提单

BILL　OF　LADING

SHIPPER LIDA TRADINF CO,LTD NO. 1267 EAST NANJING ROAD, SHANGHAI,CHINA		B/L NO.	LD – DRGBL01
CONSIGNEE TO ORDER		**COSCO** 中国远洋运输（集团）总公司 CHINA OCEAN SHIPPING（GROUP） CO.	
NOTIFY PARTY DRAGON TOY CO. ,LTD. 1180 CHURCH ROAD NEW YORK, PA 19446 U. S. A		*ORIGINAL* **Combined Transport BILL OF LADING**	
PLACE OF RECEIPT SHANGHAI CY	OCEAN VESSEL CHENG FEN		
VOYAGE NO. V. 208	PORT OF LOADING SHANGHAI		
PORT OF DISCHARGE NEW YORK	PLACE OF DELIVERY		

MARKS	NOS. & KINDS OF PKGS.	DESCRIPTION OF GOODS	G. W. (kg)	MEAS(m^3)

LD – DRGSC01   TELECONTROL RACING CAR   9200   99. 533

DRAGON TOY

NEW YORK   600 CARTONS

NO. 1 – 600

  L/C NO. DRG – LDLC01

TOTAL NUMBER OF CONTAINERS OR PACKAGES(IN WORDS)	SAY SIX HUNDRED CARTONS ONLY			
FREIGHT & CHARGES FREIGHT PREPAID	REVENUE TONS	RATE	PER	PREPAID
PREPAID AT	PAYABLE AT		PLACE AND DATE OF ISSUE SHANGHAI 2018 – May – 01	
TOTAL PREPAID	NUMBER OF ORIGI-NAL B(S)L THREE			

LOADING ON BOARD THE VESSEL DATE 2018 – May – 01 BY 倪某	倪某 COSCO SHANGHAI SHIPPING CO. ,LTD. AS AGENT FOR THE CARRIER CHINA
	COSCO SHANGHAI SHIPPING CO. ,LTD. AS AGENT FOR THE CARRIER CHINA

ENDORSEMENT: LIDA TRADING CO. ,LTD

  × × ×   2018 – May – 01

五、技能训练

1. 认真阅读所提供的信用证及相关资料后填制提单:

ALAHLI BANK OF KUWAIT

IRREVOCABLE LETTER OF CREDIT NO. 609/23262

KUWAIT;DATE: 5 MAY 2001

BENEFICIARY:SHANDONG IMPORT & EXPORT CORP,7 ZHANSHAN ROAD,QING-DAO,CHINA

ADVISING BANK:BANK OF CHINA,QINGDAO BRANCH,QINGDAO,CHINA

AMOUNT:ABOUT USD 7 200. 00(ABOUT SEVEN THOUSAND TWO HU-NDRED US DOLLARS)

APPLICANT: SAMIEH TEXTILE & BLANKET CO. LTD.

  P. O. BOX 299934,SAFAT

KUWAIT

VALID IN:CHINA　AVAILABLE AT:SIGHT

VALID UNTIL:15 JULY,2000　SHIPPING TERMS:CFR KUWAIT

PLEASE ADVISE OUR ABOVE IRREVOCABLE LETTER OF CREDIT AVAILABLE BY BENEFICIARIES DRAFT/S,WITHOUT RECOURSE,DRAWN ON US FOR THE FULL IN-VOICE VALUE AND ACCOMPANIED BY THE FOLLOWING DOCUMENTS:

- SIGNED COMMERCIAL INVOICE IN QUINTUPLICATES CERTIFYING THAT EACH PIECE CARTON/CASE OF THE GOODS CARRIED THE NAME OF COUN-TRY OF ORIGIN IN NON-DETACHABLE OR NON-ALTERABLE WAY
- CERTIFICATE OF ORIGIN IN ORIGINAL AND AT LEAST ONE COPY SHOWING BENEFICIARIES AS MANUFACTURERS
- PACKING LIST IN TRIPLICATE SHOWING DESCRIPTION OF GOODS ITEM NO. AS PER HARMONIC SYSTEM NO. OF PACKAGES, KIND OF PACKAGE, CONTENTS OF PACKAGE,GROSS WEIGHT,AND NET WEIGHT OF EACH ITEM
- COMPLETE SET OF AT LEAST 3/3
- CLEAN "ON BOARD" MARINE BILLS OF LADING ISSUED TO THE ORDER OF ALAHLI BANK OF KUWAIT. K. S. C.　NOTIFYING OPENERS AND EVIDENCING "FREIGHT PREPAID".

SHIPPING DOCUMENTS TO EVIDENCE SHIPMENT FROM CHINA TO KUWAIT NOT LATER THAN 30 JUNE,2000 BY VESSEL(SS/MV)

COVEING:

ABOUT 6 000 YARDS ART 032,65% POLYESTER,35% VISCOSE

MIXED SUITING FABRICS WEIGHT:ABT.　250 GRAMS PER METER.

SIZE:58" × ABT. 25 YARDS PIECES@ USD 1. 20 PER YARD.

CERTIFIED ON INVOICES THAT ALL OTHER DETAILS OF THE GOODS SHIPPED ARE AS PER INDENT NO. CTT/CH –33/93 S/C:11JUN30

SPECIAL CONDITIONS:

1)CERTIFICATE OF ORIGIN MUST SHOW NAME AND ADDRESSES OF MANUFAC-TURERS AND EXPORTERS AND NAME OF EXPORTING COUNTRY/IES.

2)AT THE TIME OF NEGOTIATION,PLEASE DEDUCT FROM YOUR PAYMENTS TO THE BENEFICIARIES 3% OF INVOICE VALUE OUT OF WHICH 1% DUE TO SAMIEH BASHEER NESWETH KUWAIT AND THE BALANCE 2% DUE TO ACHIM TEXTILES CO. LTD. ,KUWAIT AS COMMISSION WHICH WILL BE PAID BY US LOCALLY.

TRANSHIPMENT:PERMITTED. IN THIS CASE,THROUGH BILLS OF LADING ARE REQUIRED.

TRANSHIPMENT AT ISRAEL IS PROHIBITED.

PARTSHIPMENT:PERMITTED.

- NEGOTIATION RESTRICTED TO ADVISING BANK/S ONLY
- SHIPPING MARKS:ABUZIAD – KUWAIT/CTT/CH –33/93 MADE IN CHINA

REIMBURSEMENT INSTRUCTIONS:

DRAWN ON OUR ACCOUNT WITH THE BANK OF NEW YORK U. S. A.

CERTIFYING TO THEM AND TO US THAT THE CREDIT TERMS HAVE BEEN COMPLIED WITH ALL DRAFTS TO BE MARKED "DRAWN UNDER ALAHLI BANK OF KUWAIT(KSC) L/C NO. 609/23262 DATED 5 MAY 1994" WE UNDERTAKE TO HONOUR ALL DRAFTS DRAWN IN STRICT COMPLIANCE WITH THE TERMS OF THIS CREDIT.

PLEASE CLAIM YOUR CHARGES, IF ANY, DIRECT FROM THE REIMBURSING BANK AT THE TIME OF NEGOTIATION OR ON EXPIRY OF THE CREDIT.

PLEASE FORWARD TO US THE ORIGINAL SET OF DOCUMENTS BY REGISTERED AIRMAIL AND THE DUPLICATES BY SUBSEQUENT AIRMAIL.

THIS CREDIT IS SUBJECT TO THE UNIFORM CUSTOMS AND PRACTICE FOR DOCUMENTARY CREDITS(1993 REVISION) INTERNATIONAL CHAMBER OF COMMERCE PUBLICATION NO. 500

FOR ALAHLI BANK KUWAIT(KCS)

制单参考资料:

1) Commodity: Mixed Suiting Fabrics

2) Quantity: 6 000 Yards

3) Specifications: Art. 250 Grams Per Meter

　　　　　　　　Size: 58" ABT. 25 Yards Pieces

4) Price: USD 1. 20 Per Yard CFR Kuwait

5) Packed in Cartons of 22 Pieces Each(NO. 1 – 10) 10 piece each(11 – 12), total: 240 pieces

6) Gross Weight: 1 398kgs

Net Weight: 1 370kgs

Measurement: 42. 505 立方米

7) Shipped Per M/V "Maria" B/L NO. 275

8) Shipping Marks: ABUZIAD – KUWAIT

　　　　　　　　CTT/CH – 33/93

　　　　　　　　MADE IN CHINA

　　　　　　　　NO. 1 – 12

9) Invoice NO. : 20MSF43

2. 根据以下资料填制提单:

MT S700　　　　　　　　ISSUE OF A DOCUMENTARY CREDIT

SEQUENCE OF TOTAL　　27: 1/1

FROM OF DOC. CREDIT　40A: IRREVOCABLE

DOC. CREDIT NUMBER　20: LC82H0010/04

DATE OF ISSUE　　　　31C: 040115

EXPIRY　　　　　　　31D: DATE 040330 PLACE CHINA

APPLICANT BANK　　　51 A: *CITIBANK

　　　　　　　　　　　　NEW YORK

　　　　　　　　　　　　U. S. A

APPLICANT * 50：PACIFIC MILLENNIUM（MACAU COMMERCIAL OFF SHORE）COMPANY LIMITED UNIT 1106 − 7 SUN PLAZA 28，FIRST AVENUE NEW YORK U. S. A. TEL. ：001 − 1111 − 2324

BENEFICIARY *59：DALIAN SHIJI TRADING CO. ，LTD. NO. 222 WUHUI ROAD， ZHONGSHAN DISTRICT，DALIAN P. R. CHINA TEL. ：0086 − 411 − 87891212

AMOUNT 32 B：CURRENCY USD AMOUNT 14 000. 00
POS. /NEGTOL(％) 39A：10/10
AVAILABLE WITH/BY 41 A：* CITIBANK * NEW YORK U. S. A BY ACCEPTANCE

DRAFTS AT 42C：90 DAYS SIGHT FOR 100 PCT INVOICE VALUE

DRAWEE 42A：* CITIBANK * NEW YORK U. S. A

PARTIAL SHIPMENTS 43 P：NOT ALLOWED
TRANSSHIPMENT 43 T：ALLOWED
LOADING IN CHARGE 44A：DALIAN PORT CHINA
FOR TRANSPORT TO 44B：NEW YORK USA
LATEST DATE OF SHIP 44C：040228
DESCRIPT OF GOODS 45A：
TERMS OF DELIVERY：CIF NEW YORK
WINCH 2000 PCS AS PER
CONTRACT NO：SHIP 3325
AT USD 7. 00/PCS
TOTAL：USD 14 000. 00
DOCUMENTS REQUIRED 46 A：

SIGNED ORIGINAL COMMERCIAL INVOICE IN 3 COPIES INDICATING
L/C NO. AND CONTRACT NO. SHIP3325
3/3 SET OF ORIGINAL CLEAN ON BOARD OCEAN BILLS OF LADING
MADE OUT TO ORDER WITH 3 NON-NEGOTIABLE COPIES AND BLANK

ENDORSED MARKED FREIGHT PREPAID NOTI-
FYING APPLICANT

SIGNED ORIGINAL PACKING LIST/WEIGHT MEM-
O IN 3 COPIES ISSUED BY

BENEFICIARY SHOWING QUANTITY/GROSS AND
NET WEIGHT FOR EACH

PACKAGE AND PACKING CONDITIONS AS
CALLED FOR BY THE L/C

SIGNED ORIGINAL CERTIFICATE OF QUALITY IN
3 COPIES ISSUED BY BENEFICIARY

1/1 SET OF ORIGINAL INSURANCE POLICY OR
CERTIFICATE, ENDORSED IN BLANK WITH 1
COPY COVERING OCEAN MARINE TRANSPORTA-
TION ALL RISKS AND WAY RISKS

FOR 110 PCT INVOICE VALUE

SHOWING CLAIMS PAYABLE IN USA IN CURREN-
CY OF THE DRAFT

BENEFICIARY'S CERTIFIED COPY OF FAX DIS-
PATCHED TO APPLICANT WITHIN 96 HOURS AF-
TER SHIPMENT

INDICATING CONTRACT NO. , L/C NO. , NAME OF
VESSEL, AND DETAILS OF SHIPMENT.

SIGNED ORIGINAL CERTIFICATE OF QUANTITY/
WEIGHT IN 3 COPIES

ISSUED BY BENEFICIARY INDICATING THE AC-
TUAL SURVEYED QUANTITY/WEIGHT OF
SHIPPED GOODS AS WELL AS THE PACKING
CONDITION.

BENEFICIARY'S CERTIFICATE CERTIFYING
THAT ONE EXTRA COPY OF EACH DOCUMENT
CALLED FOR HEREIN HAS BEEN DISPATCHED
TO APPLICANT AFTER SHIPMENT.

ONE SET OF EXTRA PHOTO COPY OF ORIGINAL
B/L AND ORIGINAL INVOICE.

ADDITIONAL COND.   47A:

FOR EACH DOCUMENTARY DISCREPANCY(IES)
UNDER THIS CREDIT, A FEE OF USD 60. 00 WILL
BE DEDUCTED FROM THE WHOLE PROCEEDS.
BOTH QUANTITY AND AMOUNT 10 PCT MORE OR
LESS ARE ALLOWED.

BENEFICIARY'S TEL:0086－411－82375008

DETAILS OF CHARGES   71B:ALL BANKING CHARGES OUTSIDE THE ISSUING
                              BANK INCLUDING THOSE OF REIMBURSEMENT
                              BANK ARE FOR ACCOUNT OF BENEFICIARY

PRESENTATION PERIOD   48:DOCUMENTS TO BE PRESENTED WITHIN 21 DAYS
                              AFTER THE ISSUANCE OF THE SHIPPING DOCU-
                              MENTS BUT WITHIN THE VALIDITY OF THE CRED-
                              IT.

CONFIRMATION   49:WITHOUT

INSTRUCTIONGS   78:ALL DOCUMENTS TO BE FORWARDED TO CITI-
                              BANK NEW YORK U.S.A
                              IN ONE COVER BY COURIER SERVICE UNLESS
                              OTHERWISE STATED ABOVE.
                              WE HEREBY UNDERTAKE THAT UPON RECEIPT
                              OF THE ORIGINAL DOCUMENTS IN COMPLIANCE
                              WITH THE TERMS OF THIS CREDIT,THE DRAFTS
                              DRAWN UNDER WILL BE DULY HONORED.
                              THIS CREDIT IS SUBJECT TO U.C.P FOR DOCU-
                              MENTARY CREDIT,1993
                              REVISION ICCP NO. 500.

卖方于2月28日装船完毕,取得提单。货物明细如表3－2所示:

表3－2   货物明细

Art NO.	Commodity	Unit	Quantity	Unit Price (USD)	Amount (USD)
	WINCH AS PER CONTRACT NO: SHIP3325	PCS	2 000	7.00/PCS	USD 14 000.00
Total Amount:USD 14 000.00					

第四章
租船货运代理业务

提示：

通过本章的学习，学生不仅应熟悉航次租船的填制方法，还应掌握滞期费和速遣费的计算方法。

第一节　租船运输的特点和方式

一、租船运输的特点和方式

（一）租船运输的基本特点

租船运输的基本特点是：没有固定的航线、固定的装卸港口、固定的船期，也没有固定的运价。

（二）租船运输的方式

租船运输方式主要有航次租船、定期租船、光船租船三种。其中最基本的租船运输的经营是具有承揽性质的航次租船。这种方式在国际上使用较广泛。

二、航次租船（Voyage Charter）

（一）航次租船的含义

航次租船又称为定程租船或程租船，它以航程为基本租船方式。在这种租船方式下，船方必须按租船合同规定的航次完成货物运输任务，并负责船舶的经营管理以及船舶在航行中的一切开支费用，租船人按约定支付运费。

（二）航次租船的特点

（1）船舶的经营管理由船方负责；

（2）规定了一定的航线和装运的货物种类、名称、数量以及装卸港口；

（3）船方除对船舶的航行、驾驶、管理负责外，还应对货物运输负责；

（4）在使用多次的情况下，运费按所运货物数量计算；

（5）规定一定的装卸期限或装卸率,并计算滞期费和速遣费;

（6）承租双方的责任义务以定程租船合同为准。

（三）航次租船的种类

航次租船按运输形式可分为以下几种:

单程租船、来回程租船、连续航次租船、航次期租船、包运合同租船。

三、定期租船(Time Charter)

（一）定期租船的含义

定期租船就是由船舶出租人将船舶租给租船人使用一定期限,在期限内由租船人自行调度和经营管理,租金按月(或按 30 天)每载重吨若干金额计算。

（二）定期租船的特点

（1）租赁期间,船舶的经营管理由租船人负责;

（2）不规定船舶航线,只规定船舶航行区域;

（3）除特别规定外,可以装运各种合法货物;

（4）船方负责船舶的维修、护理和机器的正常运行;

（5）不规定装卸率和滞期速遣费;

（6）租金按租期每月每吨若干金额计算;

（7）船租双方的权利义务以定期租船合同为准。

第二节　航次租船合同条款

国际货物运输用得最多的租船方式是航次租船,航次租船合同的条款反映了船舶所有人和承租人的意愿,规定了各自的义务,是一项详细记载双方当事人的权利和义务以及程租船各项条件和条款的承诺性运输契约。在实际使用中可根据具体情况和对双方有利的原则,对标准合同格式中的若干条款进行删减或增加。

我国《中华人民共和国海商法》第九十三条规定:"航次租船合同的内容,主要包括出租人和承租人的名称、船名、船籍、载货重量、容积、货名、装货港和目的港、受载期限、装卸期限、运费、滞期费、速遣费以及其他有关事项。"

现将航次租船合同的主要条款介绍如下:

一、关于装卸港的规定

最简单的订法是把装卸港数目和港口的名称订在合同中。比较灵活的订法是笼统地订装卸区,如属我方租船则可订"一个中国港口由租船人选择",通常要求指定的港口是安全港。

二、受载日和解约日

从受载日至解约日这段时间称为受载期。受载日是受载期的第一天,解约日是最后一天,在此期间,船方必须准备好装货,租方必须按时装货。受载期由船东在报盘时提出,并由租船人接受。

三、装卸责任和费用的划分

装卸费用的划分有以下四种方法：

（一）船方负责装卸费用（Gross Terms or Liner Terms）

船方负责装卸费用又称班轮条件，承租人把货物交到船边船舶的吊钩下，船方负责将货物装进船舱内并整理好，卸货时，船方负责把货物从船舱内卸到船边，由承租人或收货人提货。所以，责任和费用的划分以船边为界，由船舱所有人负责雇佣装卸工人，并负担货物的装卸费用。

（二）船方不负责装卸和费用（Free In and Out, FIO）

在此种情况下，在装卸两港都由承租人负责雇佣装卸工人并负担装卸费用。如果平舱费和理舱费也由承租人负责，在合同中应注明"FIOST"。

（三）船方管卸不管装（Free In, FI）

这是指在装货港由承租人负担装货费用，在卸货港由船舶出租人负担卸货费用。

（四）船方管装不管卸（Free Out, FO）

这是指在装货港由船舶出租人负担装货费，在卸货港由承租人负担卸货费。

四、许可装卸时间

装卸时间是指船舶装货和卸货的期限。由于装卸时间的长短直接影响到船舶的使用周期，对船东来说，在由货方承担装卸责任时，装卸时间无法控制，为保证船期，通常应规定在多少时间内货方应完成装卸作业。装卸时间的规定方法有若干种，但使用最多的是连续24小时晴天工作日计算法，即在昼夜作业的港口，须连续工作24小时才算一天，如中间有几个小时坏天气不能作业，则应予扣除。此外，星期日和节假日也应除外，关于利用星期日和节假日作业是否计入装卸时间在合同中应订明："星期日和节假除外""不用不算，用了要算"，或"不用不算"，即"使用了也不算"，以及装货和卸货时间是分别计算还是合并计算都需明确规定。

五、滞期费和速遣费

（一）滞期费和速遣费的含义

滞期费是指当承租人不能在合同约定的许可装运时间内将货物全部装完或卸完，承租人必须按照合同规定向船东支付的罚款。如果承租人在约定的装卸货时间之前提前完成装卸作业，船东给承租人的奖励叫速遣费。一般滞期费订为每天若干金额，不足一天按比例计算。速遣费是滞期费的一半，但有时也相同。

在租船合同中，如无相反规定还应遵循"一旦滞期，永远滞期"的原则，也就是只要发生滞期，原本可以扣除的星期天、节假日和坏天气等均不能扣除。

在实际工作中，滞期时间与速遣时间是通过实际使用的装卸时间与合同允许使用的装卸时间相比较而计算出来的。如果实际使用的装卸时间减去可用的装卸时间计算出来的是正值，则是滞期时间；如果是负值，则为速遣时间。

（二）滞期费、速遣费

计算实例：

某公司出口货物20 000公吨，租用一艘程租船装运，租船合同中有关的装运条款如下：

（1）每个晴天工作日（24 小时）装货定额为 2 000 公吨，星期日和节假日如使用按 1/2 计算。

（2）星期日和节假日前一天 18 小时以后至星期日和节假日后一日的 8 时以前为假日时间。

（3）滞期费和速遣费每天（24 小时）均为 USD 2 000.00。

（4）凡上午接受船长递交的装卸准备就绪通知书（Notice of Readiness），装卸时间从当日 14 时起算，凡下午接受通知书，装卸时间从次日 8 时起算。

（5）如有速遣费发生，按节省全部工作时间（All Working Time Saved）计算（见表 4−1）。

表 4−1　　　　　　　　　　　　　　装货记录

时间	星期	说明	备注
4.27	三	上午 8 时接受船长递交通知书	
4.28	四	0～24 小时	下雨停工 2 小时
4.29	五	0～24 小时	
4.30	六	0～24 小时	18 小时后下雨 2 小时
5.1	日	0～24 小时	节假日
5.2	一	0～24 小时	节假日
5.3	二	0～24 小时	节假日
5.4	三	0～24 小时	8 时以前下雨停工 4 小时
5.5	四	0～14 小时	

解：根据以上条件计算滞期费或速遣费，可以分为以下几步：

（1）计算实际使用时间：

4 月 27 日（星期三）　　10 小时（当日 14 至 24 时）

4 月 28 日（星期四）　　$24-2=22$ 小时

4 月 29 日（星期五）　　24 小时

4 月 30 日（星期六）　　$18+(6-2)\times1/2=20$ 小时

5 月 1 日（星期日）　　$24\times1/2=12$ 小时

5 月 2 日（星期一）　　$24\times1/2=12$ 小时

5 月 3 日（星期二）　　$24\times1/2=12$ 小时

5 月 4 日（星期三）　　$(24-8)+(8-4)\times1/2=18$ 小时

5 月 5 日（星期四）　　14 小时

合计：$10+22+24+20+12+12+12+18+14=144$ 小时

　　　$144\div24=6$（天）

（2）计算允许装卸时间：$20\,000\div2\,000=10$（天）

（3）计算非工作时间：4 月 30 日的非工作时间为：$(6-2)\times1/2=2$ 小时

5 月 1 日 12 小时　5 月 2 日 12 小时　5 月 3 日 12 小时

5 月 4 日 $(8-4)/2=2$ 小时

合计:2 + 12 + 12 + 12 + 2 = 40 小时

40 小时 ÷ 24 小时 ≈ 1.67(天)

(4)计算速遣费:2 000 × (10 - 6 - 1.67) = USD 4 660

第三节　航次租船合同(金康格式)

航次租船合同有各种不同的范本,但是比较有影响的是统一杂货租船合同,简称金康。此租船合同范本是一个不分货物种类和航线,适应范围比较广泛的航次租船合同的标准格式。

一、航次租船合同样本(金康格式)

金康格式的航次租船合同样本见表4 - 2、表4 - 3。

表4 - 2　　　　　　　　航次租船合同——金康格式(英文)

第一部分

1. Shipbroker	CODE NAME: "GENCON"
	2. Place and Date
3. Owner/Place of Business(cl. 1)	4. Charterers/Place of Business(cl. 1)
5. Vessel's Name(cl. 1)	6. GRT/NRT(cl. 1)
7. Deadweight Cargo Carrying Capacity in tons(abt)(cl. 1)	8. Present Position(cl. 1)
9. Expected Ready to Load(cl. 1)	
10. Loading Port or Place(cl. 1)	11. Discharging Port or Place(cl. 1)
12. Cargo(also state quantity and margin in owners' option if agreed; if full and complete cargo not agreed state "part cargo")(cl. 1)	
13. Freight Rate (also state if payable on delivered or in taken quantity) (cl. 1)	14. Freight Payment(state currency and method of payment, also beneficiary and bank account) (cl. 4)
15. Loading and Discharging Costs [state alternative (a) or (b) of(cl. 5), also indicate if vessel is gearless]	16. Laytime[if separate laytime for load and disch is agreed fill in (a) and (b), if total laytime for load and disch, fill in (c) only] (cl. 6)
17. Shippers(cl. 6)	(a) Laytime for Loading (b) Laytime for Discharging (c) Total Laytime for Loading and Discharging
18. Demurrage Rate(loading and discharging) (cl. 7)	19. Cancelling Date(cl. 10)
20. Brokerage Commission and to Whom Payable(cl. 14)	

表4－2（续）

21. Additional clauses covering special provisions, if agreed.	
It is mutually agreed that this contract shall be performed subject to the conditions contained in this charter which shall include Part Ⅰ as well as Part Ⅱ. In the event of a conflict of conditions, the provisions of a conflict of conditions, the provisions of part Ⅰ shall prevail over those of part Ⅱ to the extent of such conflict.	
Signature(Owners)	Signature(Charterers)

表4－3　　　　　　　　　　　航次租船合同金康格式（中文）

第一部分

1. 船舶经纪人	代号：金康
	2. 地点和日期
3. 船舶所有人/营业所在地	4. 承运人/营业所在地（第一条）
5. 船名（第一条）	6. 总登记吨/净登记吨（第一条）
7. 货物载重吨数（大约）（第一条）	8. 现在动态（第一条）
9. 预计作好装货准备的日期（大约）（第一条）	
10. 装货港或地点（第一条）	11. 卸货港或地点（第一条）
12. 货物（同时载明数量和约定的船舶所有人可选择的范围，如未约定满舱满载货物，载明"部分货物"）（第一条）	
13. 运费率（同时载明是按货物交付数量还是装船数量支付）（第一条）	14. 运费支付（载明货币名称与支付方式以及受益人和银行账号）（第四条）
15. 装卸费用［载明选择第五条中（a）或（b），同时指明是否无装卸设备］	16. 装卸时间［如约定装货和卸货各自的时间，填入（a）和（b），如按装货和卸货的合计时间填入（c）］ （a）装卸时间 （b）卸货时间 （c）装货和卸货合计时间
17. 托运人（载明名称与地址）（第六条）	
18. 滞期费率（装货和卸货）（第七条）	19. 解约日（第十条）
20. 经纪人佣金及向何人支付（第十四条）	
21. 有关约定的特别规定的附加条款	
兹相互同意应按本合同第一部分和第二部分中所订条件履行合同。当条件发生抵触时，第一部分中的规定优先于第二部分，但以所抵触的范围为准。	
签字（船舶所有人）	签字（承租人）

85

(一)制单资料

四川上洋进出口贸易公司(SHANGYANG TRADING IMPORT AND EXPORT CORPO-RATION)以 CIF Landed 价格条件向日本海河公司出口 80 000 公吨饲料蚕豆(Feeding Broadbean),装运港天津(TIANJIN),目的港大阪(OSAKA),装运期 2005 年 6 月。合同规定货物数量可增减 5%,由船长宣载,卖方每天负责装或卸货 4 000 公吨,按连续 24 小时晴天工作日计算,周日和节假日除外,除非已使用,但仅按实际使用时间计算(WEATHER WORKING DAY OF 24 CONSECUTIVE HOURS SUNDAY AND HOLIDAY EXCEPTED, UN-LESS USED, BUT ONLY TIME ACTUALLY USED TO COUNT)。滞期费每天4 000美元,速遣费每天 2 000 美元,请代出口方在 2005 年 5 月 6 日与中国远洋运输总公司四川分公司[CHINA OCEAN SHIPPING(GROUP)CO SICHUAN BRANCH]签航次租船"金康"合同。

四川上洋进出口贸易公司地址:68 SONGLIN ROAD CHENGDU CHINA

中国远洋运输总公司四川分公司地址:108 JANGHAN ROAD CHENGDU CHINA

船名:HAIOU

总登记吨/净登记吨:20 万 MT/15 万 MT

现在动态:IN DALIAN

货物装载吨数:13 万 MT

运费率:IO USD/MT AS CARGO QUANTITY OF LOAD

运费支付:100% FREIGHT PREPAID BY T/T TO OWNER'S ACCOUNT IN US DOLLAR

OWNER'S ACCOUNT NO:8748135268

装卸时间:装货和卸货合计时间

装卸费用:FIO

解约日:30 JUNE 2005

(二)航次租船合同(金康)

根据上述资料可签订如表 4-4 所示租船合同。

表 4-4 　　　　　　　　　　　　　　航次租船合同(金康)

1. Shipbroker	CODE NAME:"GENCON"
	2. Place and Date CHENGDU　　MAY 6 2005
3. Owner/Place of Business(cl. 1) CHINA OCEAN SHIPPING(GROUP)CO SICHUAN BRANCH 108 JANGHAN ROAD CHENGDU CHINA	4. Charterers/Place of Business(cl. 1) SHANGYANG TRADING IMPORT AND EXPORT CORPO-RATION 68 SONGLIN ROAD CHENGDU CHINA
5. Vessel's Name(cl. 1) HAIOU	6. GRT/NRT(cl. 1) 0. 2 MILLION MT/0. 15 MILLION MT

7. Deadweight Cargo Carrying Capacity in tons(abt)(cl. 1) 0. 13 MILLION MT	8. Present Position(cl. 1) IN DALIAN
9. Expected ready to load(cl. 1) JUNE 2005	
10. Loading Port or Place(cl. 1) SAFE：TIANJIN	11. Discharging Port or Place(cl. 1) SAFE：OSAKA

| 12. Cargo(also state quantity and margin in owners' option if agreed；if full and complete cargo not agreed state "part cargo")(cl. 1)　80 000MT FEEDING BROADBEAN IN BAGS 5% MORE OR LESS AT OWNER'S OPTION ||

13. Freight Rate (also state if payable on delivered or in taken quantity)(cl. 1) IO USD/MT AS CARGO QUANTITY OF LOAD	14. Freight Payment(state currency and method of payment, also beneficiary and bank account)(cl. 4) 100% FREIGHT PREPAID BY T/T TO OWNER'S ACCOUNT IN US DOLLAR OWNER'S ACCOUNT NO：8748135268
15. Loading and Discharging Costs [state alternative (a)or(b)of(cl. 5), also indicate if vessel is gearless] FIO	16. Laytime[if separate laytime for load and disch is agreed fill in (a)and (b), if total laytime for load and disch, fill in (c) only](cl. 6) a) Laytime for Loading c) Laytime for Discharging c) Total Laytime for Loading and Discharging 40 DAYS (WEATHER WORKING DAY OF 24 CONSECUTIVE HOURS SUNDAY AND HOLIDAY EXCEPTED, UNLESS USED, BUT ONLY TIME ACTUALLY)
17. Shippers(cl. 6) SHANGYANG TRADING IMPORT AND EXPORT CORPORATION 68 SONGLIN ROAD CHENGDU CHINA	
18. Demurrage Rate(loading and discharging)(cl. 7) DEMURRAGE RATE 4 000 USD/DAY DISPATCH RATE 2 000 USD/DAY	19. Cancelling Date(cl. 10) 30 JUNE 2005

| 20. Brokerage Commission and to Whom Payable(cl. 14) ||
| 21. Additional clauses covering special provisions, if agreed. ||

It is mutually agreed that this contract shall be performed subject to the conditions contained in this charter which shall include Part Ⅰ as well as Part Ⅱ. In the event of a conflict of conditions, the provisions of a conflict of conditions, the provisions of Part Ⅰ shall prevail over those of Part Ⅱ to the extent of such conflict.

Signature(Owners)　　　　　　　　　Signature(Charterers)
CHINA OCEAN SHIPPING(GROUP)CO　SHANGYANG TRADING IMPORT AND EXPORT
SICHUAN BRANCH　　黄英　　　　CORPORATION　　白丽

第四节 技能训练

1. 在下列三种规定装货时间条款中,你认为哪种对租船人最有利(船方不负责装货,即 Free In)? 请说明理由。

(1) 晴天工作日连续 24 小时工作,装货标准为 1 000 公吨,星期日及节假日除外,如使用了也不计入。

(2) 每一晴天工作日连续 24 小时工作,装货标准为 1 000 公吨,星期日及节假日除外,如使用了计半数。

(3) 每一晴天工作日连续 24 小时工作,装货标准为 1 000 公吨,星期日及节假日除外,如使用了则计算。

2. 某公司租一单程船从美国运进小麦 24 800 公吨。租船合同规定:货到卸货港后每天卸货 2 000 公吨,按连续 24 小时晴天工作日计算,星期六下午 6 点以后至下一个工作日 8 时前不计允许装货时间,递交卸货通知书后从次日上午 8 时开始,如通知书于下午 4 时以后送达则以次日下午 2 时开始计算卸货时间。滞期费每天 5 000 美元,速遣费每天 2 500 美元。该船于 2004 年 1 月 13 日 10 时驶抵天津港,于 1 月 14 日上午 8 时开始卸货,至 2 月 3 日晚 8 时全部卸完。

具体卸载时间见表 4-5:

表 4-5 卸货记录

日期	星期	说明	备注
1/13	一	上午 10 点接受船长递交的通知书	
1/14	二	8~24 小时	从上午 8 点开始
1/15	三	0~24 小时	
1/16	四	0~24 小时	
1/17	五	0~24 小时	下雨 2.3 小时
1/18	六	0~24 小时	非工作时间 6 小时
1/19	日		星期日
1/20	一	0~24 小时	非工作时间 8 小时
1/21	二	0~24 小时	
1/22	三	0~24 小时	
1/23	四	0~24 小时	
1/24	五	0~24 小时	
1/25	六	0~24 小时	非工作时间 6 小时
1/26	日		星期日
1/27	一	0~24 小时	非工作时间 8 小时

表 4 - 5(续)

日期	星期	说明	备注
1/28	二	0 ~ 24 小时	
1/29	三	0 ~ 24 小时	装卸时间本夜 12 点到期
1/30	四	0 ~ 24 小时	
1/31	五	0 ~ 24 小时	
2/1	六	0 ~ 24 小时	非工作时间 6 小时
2/2	日		星期日
2/3	一	0 ~ 24 小时	至晚上 8 点装卸完毕

请计算租船人使用时间、允许装卸时间、滞期费。

3. 以上题为例,如果我们在合同中进一步规定:"星期日、节假日和非工作日即使用了也不算。"问可提前几天? 能取得多少速遣费?

4. 四川怡民贸易公司以 FOB TRIMMED 价格条件从美国亚成贸易公司进口 30 000 公吨小麦,装运港西雅图,目的港上海,装运期 7 月份。合同规定货物数量可增减 3%,由船长宣载,买方每天负责装货 3 000 公吨,按连续 24 小时晴天工作日计算(WEATHER WORKING DAY OF 24 CONSECUTIVE HOURS SUNDAY AND HOLIDAY EXCEPTED, UNLESS USED, BUT ONLY TIME ACTUALLY USED TO COUNT)。滞期费每天 2 000 美元,速遣费每天 1 000 美元,请代进口方与中国远洋运输总公司[CHINA OCEAN SHIPPING (GROUP)CO SICHUAN BRANCH]签航次租船"金康"合同。

制单资料:

四川怡民贸易公司地址:NO. 6 LONGJIANG ROAD CHENGDU CHINA

中国远洋运输总公司四川分公司地址: 108 JANGHAN ROAD CHENGDU CHINA

船名:JIANGHAI

总登记吨/净登记吨: 180 000 MT/160 000MT

现在动态:IN DALIAN

货物装载吨数:140 000MT

运费率: 15 USD/MT AS CARGO QUANTITY OF LOAD

运费支付: 100% FREIGHT PREPAID BY T/T TO OWNER'S ACCOUNT IN US DOLLAR

OWNER'S ACCOUNT NO:56987532

装卸费用:FIT

解约日: 31 JULY 2005

第五章
海上货运事故的处理

提示：

通过本章的学习，学生能运用有关的国际海运法规和惯例分析和处理海上货运事故。

国际海上货物运输的时间、空间跨度比较大，涉及的部门、作业环节众多，使用的文件、单证繁杂，运输过程中的环境条件复杂多变。因此，在国际海上货物运输过程中，就可能出现货物的灭失或损坏，即发生货损、货差事故。因此，对国际货运货代纠纷案例的分析对于正确处理海上货损事故是非常重要的。处理海上货运事故应分清是谁的责任，适用什么法律或国际惯例。在进行货运事故的处理时应坚持实事求是、有根有据、合情合理、注重实效的原则。索赔人应在规定的时间内发出索赔通知，提交索赔清单和索赔单证向责任方提出索赔。

第一节 海上货运事故的确定

一般而言，海上货运货损事故虽有可能发生于各个环节，但很大程度上是在最终目的地收货人收货时或收货后才被发现。

当收货人提货时，如发现所提取的货物数量不足、外表状况或货物的品质与提单上记载的情况不符，则应根据提单条款的规定，将货物短缺或损坏的事实以书面的形式通知承运人或承运人在卸货港的代理，以此表明提出索赔的要求。如果货物的短缺或残损不明显，也必须在提取货物后规定的时间内，向承运人或其代理发出索赔通知。

在海上货运货损事故索赔或理赔中，提单、收货单、过驳清单、卸货报告、货物溢短单、货物残损单、装箱单、积载图等货运单证均可作为货损事故处理和明确责任方的依据，对海上承运人来说，为保护自己的利益和划清责任，应该妥善管理这些单证。

通常，货运单证的批注是区分或确定货运事故责任方的原始依据。特别是在装货或卸货时，单证上的批注除确定承运人对货物负责的程度外，有时还会影响到货主的利益，如能否持提单结汇、能否提出索赔等。

　　海上风险多变是造成货运事故的主要原因之一。凡船舶在海上遭遇恶劣气候的情况下,为确定货损原因和程度,应核实航海日志、船方的海事声明或海事报告等有关资料和单证。

　　货运事故发生后,收货人与承运人之间未能通过协商对事故的性质和程度取得一致意见时,应在一致同意的基础上,指定检验人对所有应检验的项目进行检验,检验人积极的检验报告是确定货损责任的依据。

第二节　海上货运事故的索赔

一、索赔的含义

　　索赔是指货主对因货运事故造成的损失向承运人或船东或其代理提出赔偿要求的行为。根据法律规定或习惯做法,货主应按照一定的程序提出索赔,并提出能证明事故的原因、责任和损失的单证。

二、索赔的一般程序

(一)发出索赔通知

　　海上货运公约,如《海牙规则》《海牙—维斯比规则》《汉堡规则》以及各承运人的提单条款,一般都规定货损事故发生后,根据运输合同或提单有权提货的人,应在承运人或承运人的代理、雇佣人交付货物当时或规定时间内,向承运人或其代理提出书面通知,声明保留索赔权利,否则承运人可免责。

　　无论根据《海牙规则》还是航运习惯,一般都把交付货物是否提出货损书面通知视为按提单记载事项将货物交付给收货人的初步证据。也就是说,即使收货人在接受货物时未提出货损书面通知,以后在许可的期限内仍可将货运单证的批注或检验人的检验证书,作为证据提出索赔。同样,即使收货人在收货时提出了书面通知,在提出具体索赔时,也必须出具原始凭证,证明其所收到的货物不是清洁提单上所记载的外表良好的货物。因而,索赔方在提出书面索赔通知后,应尽快地备妥各种有关证明文件,在期限内向责任人或其代理正式提出索赔要求。

(二)提交索赔申请书或索赔清单

　　索赔方一旦正式向承运人递交索赔申请书或索赔清单,就意味着索赔方正式提出了索赔要求。因此,如果索赔方仅仅提出货损通知而没有递交索赔申请书或索赔清单,或出具有关的货运单证,则可解释为没有提出正式索赔要求,承运人不会进行理赔。货物发生灭失或损坏,通常由收货人向承运人或其代理提出索赔。但是在货物办理运输保险的情况下,当收货人根据货物保险条款从承保货物的保险人那里得到了赔偿后,保险人可代位(指代替收货人)向承运人或其代理进行追偿。

(三)出具索赔单证

　　作为举证的手段,索赔方出具的索赔单证不仅可以证明货损的原因、种类、程度,还可以确定最终责任方。海运货损索赔中提供的主要单证如下:

　　(1)索赔申请书或索赔清单。

（2）提单正本提单既是货物收据、交货凭证，又是确定承运人与收货人之间责任的最终证明，是收货人提出索赔依据的主要单证。

（3）过驳清单或卸货报告、货物残损单和货物溢短单这些单证是证明货损或货差发生在船舶运输过程中的重要单证。

（4）重理单承运人对所卸货物件数有疑问时，一般要求复查或重新理货，并在证明货物溢短的单证上做出"复查"或"重理"的批注。在这种情况下，索赔时必须同时提供复查结果的证明文件或理货人签发的重理单，并以此为依据证明货物是否短缺。

（5）货物残损检验报告在货物受损的原因不明显或不易区别，或无法判定货物的受损程度时，可以申请具有公证资格的检验人对货物进行检验。在这种情况下，索赔时必须提供检验人检验后出具的货物残损检验证书。

提出索赔时使用的其他单证还有货物发票、修理单、装箱单以及权益转让证书等。

（四）权益转让

权益转让就是收货人根据货物保险合同从保险公司得到赔偿后，将自己的索赔权利转让给保险公司，由保险公司出面向事故责任人或其代理提出索赔的行为。其证明文件就是权益转让证书。它表明收货人已将索赔权益转让给保险公司，保险公司根据权益转让证书取得向事故责任人提出索赔的索赔权和以收货人名义向法院提出索赔诉讼的权利。

在权益转让的情况下，通常由收货人将权益转让证书正本交给保险公司，同时，还将其副本交给事故责任人或其代理备查。

（五）索赔权利的保全措施

为保证索赔得以实现，需要通过一定的法律程序来采取措施，使得货损事故责任人对仲裁机构的裁决或法院判决的执行履行责任，这种措施就称为索赔权利的保全措施。该措施主要有以下两种：

（1）提供担保是指使货损事故责任人对执行仲裁机构的裁决或法院的判决提供担保。主要有现金担保和保函担保两种形式。现金担保在一定期间内影响着责任人的资金使用，因此较少采用。在实际业务中通常采用保函担保的形式，该保函可由银行出具，也可由事故责任人的保赔协会等出具。

（2）扣船是在货损事故的责任比较明确地判定属于承运人，又不能得到可靠的担保时，索赔人或对货物保险的保险公司，可以按照法律程序，向法院提出扣船请求，并由法院核准执行扣船。但采取扣船措施时，必须慎重，以防因扣船措施不当而产生不良的影响及不必要的纠纷和经济损失。

第三节　海上货运事故的理赔

一、索赔的受理与审核

承运人或其代理受理索赔案件后，即须对这一索赔进行审核。审核是处理货损事故时的重要工作。在从事理赔工作时主要审核以下几个方面：

（一）对索赔单证完备性的审核

对索赔单证完备性的审核在本节中已列举了索赔时应提供的单证。由于索赔案的具体情况不同,所以需要提供的单证也不尽相同。如果上述单证不足以表明事故的原因和责任,承运人或其代理还可以要求收货人或其代理进一步提供其他单证或公证机构出具的证明文件,即索赔单证必须齐全、准确。

（二）对索赔单证内容的审核

索赔单证内容的审核应注意以下方面:索赔的提出是否在规定的期限内,如果期限已过,提赔人是否要求延期;提出索赔所出具的单证是否齐全;单证之间有关内容如船名、航次、提单号、货号、品种、检验日期等是否相符;货损是否发生在承运人的责任期限内;船方有无海事声明或海事报告;船方是否已在有关单证上签字确认;装卸港的理货数量是否准确。

二、承运人举证的单证

承运人对所发生的货损或灭失欲解除责任或意图证明自己并无过失行为,则应出具有关单证,证明对所发生的货损或灭失不承担或少承担责任。除前述的收货单、理货计数单、货物溢短单、货物残损单、过驳清单等货运单证外,承运人还应提供积载检验报告、舱口检验报告、海事声明或海事报告、卸货事故报告等。

三、索赔金的支付

通过举证与反举证,虽然已明确了责任,但在赔偿上未取得一致意见时,则应根据法院判决或决议支付索赔金。关于确定损失金额的标准,《海牙规则》并没有做出规定,但在实际业务中大多将货物的 CIF 价作为确定赔偿金额的标准。

第四节　关于国际海上货物运输合同的国际公约

关于国际海上货物运输合同的国际公约有《海牙规则》《海牙—维斯比规则》和《汉堡规则》,我国有《海商法》。这些公约和法律是国际海上货运事故的主要处理依据。

一、《海牙规则》

《海牙规则》(Hague Rules)(全称为《关于统一提单若干法律规定的国际公约》)于1931年6月2日起生效。这是使用最广泛的海上货物公约。我国未加入《海牙规则》,但如同很多非缔约国一样,目前在提单运输方面,我国也参照这一公约的规定,制定了我国的《海商法》。

二、《海牙—维斯比规则》

《海牙—维斯比规则》又称为《关于修订统一提单若干法律规定的国际公约的议定书》,该议定书不能单独使用,而要和海牙规则同时使用。

三、《汉堡规则》

《汉堡规则》的正式名称是《1978年联合国海上货物运输公约》。此规则是一项完整的海上货物运输公约。它从根本性上修改了《海牙规则》，在船货双方走向均衡的承担风险方面跨出了一大步。此公约已于 1992 年 11 月生效，但海运大国均未加入该公约，因此使用的国家很少。

四、《鹿特丹规则》

《鹿特丹规则》正式名称是《联合国全程或海上国际货物运输合同公约》。2008 年 12 月 11 日该公约在纽约举行的联合国大会上正式通过，并且大会决定在 2009 年 9 月 23 日在荷兰鹿特丹举行签字仪式，由成员国开放签署，因此又称为鹿特丹规则。但因签署国家未达到规定的数量，此公约未生效。

五、生效的三大国际公约的主要区别

（1）《海牙规则》和《海牙—维斯比规则》规定承运人的责任时间是从装船到卸船，即钩至钩；《汉堡规则》扩大为自接受货物时起到交付货物时为止，包括从港区到港区、堆场到堆场、货运站到货运站。

（2）《海牙规则》规定了活动物和甲板货不属于货物范围，承运人不负责任。而《汉堡规则》将活动物和甲板货列入货物范围。这些货物如损坏或灭失，承运人应负责任。

（3）《海牙规则》规定收货人对货物不明显损坏应在连续三天内提出书面索赔通知，《汉堡规则》延长为 15 天。

（4）《海牙规则》规定承运人有 17 项免责条款，《汉堡规则》取消了这些免责条款，保护了货方的利益。

（5）《海牙规则》规定承运人对每件或每单位货物的灭失或损坏赔偿金额不超过 100 英镑或相当于 100 英镑的其他货币。《海牙—维斯比规则》规定把每单位赔偿金额改为不超过 10 000 金法郎或每千克 30 金法郎，两者中以较高的数额为准。《汉堡规则》规定为 835 特别提款权（SDRS）或每千克 2.5 SDRS，两者中以较高的数额为准。

（6）《海牙规则》对延迟交货未作规定。《汉堡规则》规定了承运人若延迟交货则要负 3 项责任：①行市损失；②利息损失；③停工停产损失。

（7）《海牙规则》只适用于缔约国所签发的提单；《汉堡规则》规定凡装卸在缔约国的提单均适用。

（8）《海牙规则》规定诉讼时效 1 年。《海牙—维斯比规则》虽也规定为 1 年，但船、货双方协议可以延长。在 1 年期满后，如果在受理该案的法院允许的期限内，承运人至少仍有 3 个月的期限向第三者提出赔偿诉讼。《汉堡规则》将诉讼时效延长为两年。

第五节　案例分析

一、倒签提单索赔案

（1）有一份 CIF 合同，买卖一批化工原料，合同规定"6 月份装船"，卖方向银行提交的单据中，包括 6 月 30 日装船的提单。经银行审核，单据在表面与信用证内容相符，银行接受单据并支付了货款。但买方收到单据后，发现货物是在 7 月 10 日装完船，提单的日

期是倒签的。因此,买方拒绝收货,并要求卖方退回货款,试问在以上情况下,买方有无拒收货物并要求退回货款的权利? 为什么?

(2)分析:按本案情况,货物是在7月10日装完船,卖方提交的提单的签单日是6月30日,装运日期是倒签的,属倒签提单,买方虽已付款,但仍有拒收货物和要求卖方退回货款的权利。

因为:倒签提单日期,是伪造单据的违法行为。买方一旦有证据证明提单的装船日期是伪造的,就有权拒绝接受单据和拒绝收货,并有权要求卖方退回其已支付的货款。倒签提单属于托运人和船公司合谋欺骗收货人的欺诈行为。受害方不仅可以追究卖方的责任,而且可以追究船公司的责任。在本案的情况下,买方有权拒收货物和要求卖方退回已支付的货款。

二、无单放货案一

(1)A货代公司代理四川D贸易公司从美国进口一批机床,当货到达四川成都后,A货代公司向D公司发出到货通知,要求D公司提货。D公司因不能出示正本提单,就向A货代公司出具了一份"提货担保书"。担保书在保证单位栏记载:"上述货物是本公司进口货物。如因本公司未凭正本提单先行提货,致使贵公司遭受任何损失,本公司负责赔偿。本公司收到正本提单后立即交还贵公司换回此保证书。"在"提货担保书"上有D贸易公司盖章和D贸易公司负责人的签字。A货代公司接受了D公司的担保书,给D公司签发了提货单,D公司凭提货单提取了货物后,称货物质量不符未到银行付款赎单,提单被退回到美国出口商B公司(托运人)。B公司持正本提单向美国法院以无单放货为由,对A货代公司提出起诉,要求A货代公司赔偿货款损失。你认为A货代公司是否应该赔偿此货款? 为什么?

(2)分析:A货代公司应赔偿B公司的货款。这是因为:收款人提货时必须以正本提单为凭,而承运人交付货物时必须收回正本提单,并在提单上做作废的批注。这是公认的国际惯例,也是国际公约和各国法律的规定。如收货人用担保书交换提货单提货,承运人违反了运输合同的义务,承运人对正当提单持有人仍负有赔偿一切损失责任的风险。如承运人无单放货,他就必须为此而承担赔偿责任。所以在本案例下,B公司(托运人)有权要求A货代公司赔偿货款,A货代公司应赔偿此货款。

三、无单放货案二

(1)国内A贸易公司出口货物,并通过B货代公司向C班轮公司订舱出运货物。货装船后,C公司向A公司签发一式三份记名提单。货到目的港口,记名提单上的收货人未取得正本提单的情况下,从C公司手中提走货物。A公司以承运人无单放货为由,在国内起诉C公司(提单上注明适用美国法律。在美国,承运人向记名提单的记名收货人交付货物时,不负有要求记名收货人出示或提交记名提单的义务)。分析并回答:

①本案适用哪国法律? 为什么?
②承运人是否承担无单放货责任? (根据中国海商法和美国法律分别阐述理由)
(2)分析:
①本案适用于美国法律,因为我国海商法规定,合同当事人可以选择适用的法律。B/L注明适用美国法律,所以应适用美国法律。

②根据美国法律,承运人无须承担无单放货责任,在美国,承运人向记名提单的记名收款人交付货物时,不负有要求记名收货人出示或提交记名提单的义务。

根据我国《海商法》,承运人应承担无单放货责任,因为我国《海商法》规定,提单是承运人保证据以交付货物的单证,不论是记名提单还是非记名提单,承运人均有义务凭正本提单交付货物。

四、货物短少索赔案

(1)某货主委托承运人的货运站装载 1 000 箱小五金,货运站收到 1 000 箱货物后,出具仓库收据给货主。在装箱时,装箱单上记载 980 箱,由于提单上记载 1 000 箱,同时提单上又加注"由货主装箱计数"。收货人向承运人提出索赔,但承运人拒赔,根据题意分析回答下列问题:

①提单上类似"由货主装载,计数"的批注是否适用于拼箱货? 为什么?

②承运人是否要赔偿收货人的损失? 为什么?

③承运人如果承担赔偿责任,应当赔偿多少箱?

(2)分析:

①不适用,因为是承运人的货运站代表承运人收货并装箱的,除非货运站代表货主装箱计数。

②是。提单在承运人与收货人之间是绝对证据,收货人有权以承运人未按提单记载的数量交货而提出赔偿要求。

③20 箱。

第六节　技能训练

要求:分组讨论案例,并写出结果和原因。

1.【持正本提单为何也败诉】2001 年 9 月 8 日,某进出口公司(原告)与国外 S 公司签订销售合同,约定向 S 公司提供一批价值为 7 564 美元的针织裙,支付方式为 T/T。进出口公司将货物交与集装箱储运公司(被告),由上海运至墨尔本。10 月 16 日,被告签发了提单,载明托运人为进出口公司,收货人"凭指示"。提单同时注明正本份数为 3 份。11 月 5 日,货物在目的港清关,拆箱。12 月 14 日,原告通过代理向被告的代理询问涉案货物下落,被告知货物已被 S 公司提走。由于 S 公司始终没有支付货款,原告以无单放货为由,诉讼被告赔偿货物损失 7 564 美元及相关退税损失,但原告仅向法院提供了一份正本提单。请问,法院对原告的诉讼请求是否支持? 为什么?

2.【美国公司诉中国贸易公司和运输公司案】2003 年 7 月,中国丰和贸易公司和美国威克特贸易有限公司签订了一项出口货物合同,双方约定委托中国五湖海上运输公司运送货物到目的港美国纽约。但是由于丰和贸易公司没有很好地组织货源,直到 2004 年 2 月才将货物全部备妥,于 2004 年 2 月 15 日装船。中国丰和贸易公司为了能够如期结汇取得货款,要求五湖海上运输公司按 2003 年 11 月的日期签发提单,并凭借提单和其他单据向银行办理了议付手续,收清了全部货款。但是,当货物运抵纽约港时,美国收货人威克特贸易有限公司对装船日期发生了怀疑,威克特公司遂要求查阅航海日志,运输公司的船方被迫交出航海日志。威克特公司在审查了航海日志后,发现该批货物真正装船的日期是 2004 年 2 月 15 日,比合同约定的装船日期延迟了 3 个月,于是威克特公司向当地法院起诉,控告我国丰和贸易公司和五湖海上运输公司合谋伪造提单,进行欺诈,既违背了双方的合同约定,也违反法律规定,要求法院扣留五湖运输公司的运货船只。法院对原告的诉讼请求是否支持? 为什么? 什么是倒签提单? 五湖公司(承运人)签发倒签提单要承担哪些风险?

3.【滞期费纠纷案】某进口商进口一批纸浆,由一租船人与船东签订航次租船合同承运,并以租船人为承运人签发了以进口商为收货人的提单。租船合同所签发的提单在滞期费方面的规定不同,前者规定了候泊时间作为装卸时间,后者则无此规定。船舶到卸货港后,候泊近一个月,靠泊卸货后又因接收货物的设备不足将船舶移泊锚地候卸一个月。船东是以租船合同为依据还是以提单为依据向租船人索取滞期费? 为什么?

4.【广州远洋公司撤销租船合同仲裁案】

申请人:广州远洋运输公司

被申请人:美国 MARSHIPS OF CONNECTICVT 公司

申请人分别于 1998 年 10 月 25 日、11 月 7 日和 11 月 19 日根据与被申请人订立的租船合同,将其所有的"马关海"号、"康苏海"号、"华铜海"号轮定期租给被申请人,但由于被申请人没有按期支付租金,申请人于 1999 年 6 月撤销了租船合同。根据租船合同的仲裁条款,申请人于同年 7 月在英国伦敦提交仲裁。申请人指定伦敦仲裁员 Bruce、Harris 先生,被申请人指定伦敦仲裁员 John、Hesman 先生组成临时仲裁庭。临时仲裁庭分别于 1999 年 8 月 7 日、8 月 15 日、8 月 25 日做出了关于前述三轮船合同争议案的三份仲裁裁决,裁决被申请人应偿付申请人租金共 1 985 975.21 美元及利息和申请人因仲裁支付的费用。仲裁裁决生效后,被申请人支付了部分租金,自 2000 年 2 月起又停付租金,尚欠申请人 1 232 112 美元及利率为 9% 的利息。问申请人撤船行为是否符合国际惯例? 申请人是否有权要求赔偿尚未支付的款项?

5.【保函取得清洁提单案】某远洋运输公司在承运 8 000 吨白糖时,发现有 10% 的脏包,大副在收货单上作了相关批注。因货物容易变质,L/C 又即将过期,托运人急于获清洁提单结汇,遂出具"保函",申明"如收货人有异议,其一切后果均由发货人承担,船方概不负责"。但货抵目的港时,收货人以货物脏包为由扣船索赔,远洋公司被迫赔偿收货人 100 000 多美元。赔偿之后,该远洋公司凭保函要托运人赔偿签发清洁提单而遭受的损失,托运人是否应赔偿该远洋公司的损失?

6.【货装甲板案】我国某船公司为国内一企业承运进口化学物品,承运将其装于甲板但并未在提单上注明货装甲板。因航行中天气恶劣,有部分货物落入海中。当收货人向承运人索赔时,承运人称该货物属于甲板货不属于承运人的责任范围,拒绝赔偿,试分析承运人是否应该赔偿收货人的损失? 为什么?

7.【交货日是哪天】有一批以 CIF 价出口到新加坡的货物,于 1998 年 3 月 28 日被运至黄埔码头,3 月 30 日开始装船。当晚遇天下暴雨,不得不歇工,直至次日晚 11 时方将货物全部装完。4 月 3 日轮船开航,4 月 14 日抵达新加坡,国外客户于 4 月 15 日提货,问根据提单,我方交货日为哪一天?

8. 租船人与船东在程租船合同中约定受载期为 2000 年 11 月 10 日至 20 日,由船东派船往 A 港装运合同约定的货物。在船舶驶往 A 港途中,于同年 11 月 15 日触礁,船体损坏严重,于是船东于 11 月 16 日告知租船人无法在 20 日以前赶到 A 港。由于买方不同意延长合同交货期,租船人于 11 月 19 日 17:00 下班前告知船东解除合同。正值当时运费上涨,事后租船人以两个合同运费差价向船东索赔,而船东以租船人违约请求赔偿。请问:哪一个赔偿请求合理? 为什么?

9. 某货代接受货主委托,安排茶叶海运出口。货代在提取了船公司提供的集装箱装箱后,将整箱货交给船公司。同时,货主自行办理了货物运输保险。收货人在目的港拆箱提货时,发现集装箱内异味浓重,茶叶受精奈污染。经查明,该集装箱前一次所载货物为精奈。问:

(1)收货人可以向谁索赔? 为什么?

(2)最终应由谁对茶叶受污染事故承担赔偿责任?

10.【擅自转船案】中国 A 贸易出口公司与外国 B 公司以 CFR 洛杉矶、信用证付款的条件达成出口贸易合同。合同和信用证均规定不准转运。A 贸易出口公司在信用证有效期内委托 C 货代公司将货物装上 D 班轮公司直驶目的港的班轮,并以直达提单办理了议付,国外开证行也凭议付行的直达提单予以付款。在运输途中,D 公司为接载其他货物,擅自将 A 公司托运的货物卸下,换装其他船舶运往目的港。由于中途延误,货物抵达目的港的时间比正常直达船的抵达时间晚了 20 天,造成货物变质损坏。为此,B 公司向 A 公司提出索赔,理由是 A 公司提交的是直达提单,而实际则是转船运输,是一种欺诈行为,应当给予赔偿。A 公司为此咨询 C 货代公司。假如你是 C 货代公司,请回答 A 公司是否应承担赔偿责任,理由何在? B 公司可否向船公司索赔?

11. 我国货主 A 公司委托 B 货运代理公司办理一批服装货物海运出口,从青岛港到日本神户港。B 公司接受委托后,出具自己的 House B/L 给货主。A 公司凭此到银行结汇,提单转让给日本 D 贸易公司。B 公司又以自己的名义向 C 海运公司订舱。货物装船后,C 公司签发海运提单给 B 公司,B/L 上注明运费预付,收发货人均为 B 公司。实际上 C 公司并没有收到运费。货物在运输途中由于船员积载不当,造成服装玷污受损。C 公司向 B 公司索取运费,遭拒绝,理由是运费应当由 A 公司支付,B 仅是 A 公司的代理人,且 A 公司并没有支付运费给 B 公司。A 公司向 B 公司索赔货物损失,遭拒绝,理由是其没有诉讼权。D 公司向 B 公司索赔货物损失,同样遭到拒绝,理由是货物的损失是由 C 公司过失造成的,理应由 C 公司承担责任。根据题意,请回答:

(1)本案中 B 公司相对于 A 公司而言是何种身份?

(2)B 公司是否应负支付 C 公司运费的义务? 理由何在?

(3)A 公司是否有权向 B 公司索赔货物损失? 理由何在?

(4)D 公司是否有权向 B 公司索赔货物损失? 理由何在?

(5)D 公司是否有权向 C 公司索赔货物损失? 理由何在?

第六章
国际航空货运代理实务

提示:

通过本章的学习,学生应能填制空运运输单据,计算空运运费,并能熟练地掌握国际空运货代的各业务环节,从而提高国际空运代理业务的实际操作能力。

航空运输具有较快的运输速度,能提高商品在国际市场上的竞争能力。航空运输除适用于小件货物、鲜活易腐商品、季节性商品和贵重商品外,还大量用于新兴工业和电子产品的运输。作为国际货代业务员,熟悉和掌握航空运输业务是必不可少的。

第一节 国际航空货运代理流程

一、国际航空运输出口代理业务流程

(一)国际航空货运出口代理业务流程图

国际航空货运出口代理业务流程如图 6-1 所示。

(二)国际航空货运出口代理业务程序

1. 市场营销

为承揽货物,航空货运代理需及时向托运人介绍本公司的业务范围、服务项目、各项收费标准,特别应向出口公司介绍优惠运价、公司的服务优势等。

2. 接受运输委托

航空货运代理就出口货物运输事项达成意向后,向托运人提供所代理的航空公司的《国际货物托运书》。托运人应亲自填写《国际货物托运书》并附上有关单证,托运人必须在上面签字或盖章,保证托运书所填写的内容准确无误。航空货运代理在接受托运人委托后,要对托运书的价格、航班日期等进行审查,审核无误后必须在托运书上签字并写上日期以表示确认。

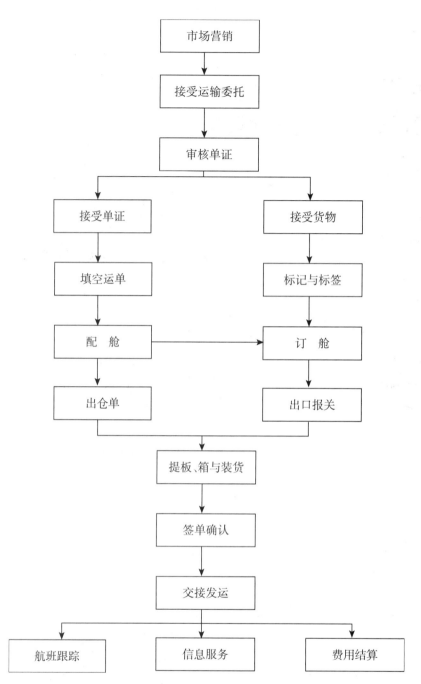

图 6-1 国际航空货运出口代理业务流程图

（1）国际货物托运书的格式见表6－1。

表6－1　　　　　　　　　　　　　　国际货物托运书

托运人姓名及地址 SHIPPER'S NAME AND ADDRESS	托运人账号 SHIPPER'S ACCOUNT NUMBER	供承运人用 FOR CARRIER USE ONLY	
		航班/日期 FLIGHT/DAY	航班/日期 FLIGHT/DAY
收货人姓名及地址 CONSIGNEE'S NAME AND ADDRESS	收货人账号 CONSIGNEE'S ACCOUNT NUMBER	已预留吨位 BOOKED	
		运费 CHARGES	
代理人的名称和城市 ISSUING CARRIER'S AGENT NAME AND CITY		ALSO NOTIFY：	
始发站 AIRPORT OF DEPARTURE			
到达站 AIRPORT OF DESTINATION			
托运人声明的价值 SHIPPER'S DECLARED VALUE		保险金额 AMOUNT OF INSURANCE	所附文件 DOCUMENTS TO ACCOMPANY AIR WAYBILL
供运输用 FOR CARRIAGE	供海关用 FOR CUSTOMS		
处理情况（包括包装方式、货物标志及号码等） HANDLING INFORMATION（INCL. METHOD OF PACKING, IDENTIFYING MARKS AND NUMBERS ETC.）					

件数 NO. OF PACKAGES	实际毛重千克（千克）ACTUAL GROSS WEIGHT（KG）	运价类别 RATE CLASS	收费重量 CHARGEABLE WEIGHT	费率 RATE/ CHARGE	货物品名及数量（包括体积或尺寸）NATURE AND QUANTITY OF GOODS（INCL. DIMENSIONS OF VOLUME）

托运人签字（SIGNATURE OF SHIPPER）	日期（DATE）

（2）国际货物托运书的填制方法。

托运书（Shippers Letter of Instruction）是托运人用于委托承运人或其代理人填开航空货运单的一种单证，单证上列有填制货运单所需各项内容，并印有授权于承运人或其代理人代其在货运单上签字的文字说明。

托运书包括下列内容：

① 托运人(SHIPPER)

填托运人的全称、街名、城市名称、国名，以及便于联系的电话号、电传号或传真号。

② 收货人(CONSIGNEE)

填收货人的全称、街名、城市名称、国名(特别是在不同国家内有相同城市名称时，必须填上国名)以及电话号、电传号或传真号，本栏内不得填写"Order"或"to Order of the Shipper"(按托运人的指示)等字样，因为航空货运单不能转让。

③ 始发站机场(AIRPORT OF DEPARTURE)

填始发站机场的全称。

④ 目的地机场(AIRPORT OF DESTINATION)

填目的地机场(不知道机场名称时，可填城市名称)，如果某一城市名称用于一个以上国家时，应加上国名。例如：LONDON UK 伦敦，英国；LONDON KY US 伦敦，肯达基州，美国；LONDON TO CA 伦敦，安大略省，加拿大。

⑤ 要求的路线/申请订舱(REQUESTED ROUTING/REQUESTING BOOKING)

本栏在航空公司安排运输路线时使用，但如果托运人有特别要求，也可填入本栏。

⑥ 供运输用的声明价值(DECLARED VALUE FOR CARRIAGE)

填写供运输用的声明价值金额，该价值即为承运人负赔偿责任的限额。承运人按有关规定向托运人收取声明价值费，但如果所交运的货物毛重每千克不超过 20 美元(或其等值货币)，无须填写声明价值金额，可在本栏内填入"NVD"(No Value Declared 未声明价值)，如本栏空着未填写，承运人或其代理人可视为货物未声明价值。

⑦ 供海关用的声明价值(DECLARED VALUE FOR CUSTOMS)

国际货物通常要受到目的站海关的检查，海关根据此栏所填数额征税。

⑧ 保险金额(INSURANCE AMOUNT REQUESTED)

中国民航各空运企业暂未开展国际航空运输代保险业务，本栏可空着不填。

⑨ 处理事项(HANDLING INFORMATION)

填附加的处理要求，例如：另请通知(ALSO NOTIFY)。除填收货人之外，如托运人还希望在货物到达的同时通知他人，请另填写通知人的全名和地址。

⑩ 货运单所附文件(DOCUMENT TO ACCOMPANY AIR WAYBILL)

填随附在货运单上往目的地的文件，应填上所附文件的名称，例如：托运人的动物证明(SHIPPER'S CERTIFICATION FOR LIVE ANIMALS)。

⑪ 件数和包装方式(MUMBER AND KIND OF PACKAGES)

填该批货物的总件数，并注明其包装方法。例如：包裹(Package)、纸板盒(Carton)、盒(Case)、板条箱(Crate)、袋(Bag)、卷(Roll)等，如货物没有包装，就注明为散装(Loose)。

⑫ 实际毛重(ACTUAL GROSS WEIGHT)

本栏内的重量应由承运人或其代理人在称重后填入。如托运人已经填上重量，承运人或其代理人必须进行复核。

⑬ 运价类别(RATE CLASS)

本栏可空着不填，由承运人或其代理人填写。

⑭计费重量(千克)(CHARGEABLE WEIGHT)(KG)

本栏内的计费重量应由承运人或其代理人在量过货物的尺寸(以厘米为单位)由承运人或其代理人算出计费重量后填入,如托运人已经填上,承运人或其代理人必须进行复核。

⑮费率(RATE/CHARGE)

本栏可空着不填。

⑯货物的品名及数量(包括体积及尺寸)〔NATURE AND QUANTITY OF GOODS (INCL. DIMENSIONS OR VOLUME)〕

填货物的品名和数量(包括尺寸或体积),货物中的每一项均须分开填写,并尽量填写详细。如:"9筒35毫米的曝光动画胶片""新闻短片(美国制)"等,本栏所填写内容应与出口报关发票和进口许可证上所列明的相符。

危险品应填写适用的准确名称及标贴的级别。

⑰托运人签字(SIGNATURE OF SHIPPER)

托运人必须在本栏内签字。

⑱日期(DATE)

填托运人或其代理人交货的日期。

(3)国际货物托运书的填制范例见表6-2。

表6-2　　　　　　　　　　　国际货物托运书

托运人姓名及地址 SHIPPER'S NAME AND ADDRESS	托运人账号 SHIPPER'S ACCOUNT NUMBER	供承运人用 FOR CARRIER USE ONLY	
CHINA INDUSTRY CORP, BEIJING P. R. CHINA TEL:86(10)6456666		航班/日期 FLIGHT/DAY	航班/日期 FLIGHT/DAY
		CA921/30 JUL,2005	
收货人姓名及地址 CONSIGNEE'S NAME AND ADDRESS NEW YORK SPORT IMPORTERS, NEW YORK,U. S. A. TEL:78789999	收货人账号 CONSIGNEE'S ACCOUNT NUMBER	已预留吨位 BOOKED	
		运费 CHARGES CHARGES PREPAID	
代理人的名称和城市 ISSUING CARRIER'S AGENT NAME AND CITY KUNDA AIR FREIGHT CO. LTD		ALSO NOTIFY:	
始发站 AIRPORT OF DEPARTURE CAPITAL INTERNATIONAL AIRPORT			
到达站 AIRPORT OF DESTINATION JOHN KENNEDY AIRPORT			

表 6 - 2(续)

托运人声明的价值 SHIPPER'S DECLARED VALUE		保险金额 AMOUNT OF IN- SURANCE	所附文件 DOCUMENTS TO ACCOMPANY AIR WAYBILL
供运输用 FOR CARRIAGE NVD	供海关用 FOR CUSTOMS NCV	× × ×	1 COMMERCIAL INVOICE

处理情况(包括包装方式、货物标志及号码等) HANDLING, INFORMATION (INCLU. METHOD OF PACKING, IDENTIFYING MARKS AND NUMBERS ETC.) KEEP UPSIDE

件数 NO. OF PACKAGES	实际毛重 千 克(千 克) ACTUAL GROSS WEIGHT (KG)	运价类别 RATE CLASS	收费重量 CHARGEABLE WEIGHT	费率 RATE/ CHARGE	货物品名及数量(包括体积或 尺寸) NATURE AND QUANTITY OF GOODS (INCL. DIMENSIONS OF VOLUME)
1	25.2				MECHINERY DIMS:82 × 48 × 32CM

托运人签字(SIGNATURE OF SHIPPER) CHINA INDUSTRY CORP, BEIJING P. R. CHINA 杨华	日期(DATE) 25 JUL, 2005

其他资料：

费率(RATE/ CHARGE):CNY37. 51/KG

承运人(CARRIER):AIR CHINA

3. 审核单证

航空货运代理对托运人《国际货物托运书》和随附单证必须进行审核,如发现单证不符或缺少,应要求托运人尽快修改或补交。审核的单证包括发票、装箱单、托运书、报关单、外汇核销单、进出口许可证、商检证、进料(来料)加工核销本、索赔(返修)协议(正本)、到付保函、海关关封等。

4. 接受单证

接受托运人送交的已经审核确定的托运书及报关单和收货凭证,并与电脑中的收货记录和收货凭证进行核对。制作操作交接单,填上所收到的各种报关单证的份数,给每份交接单配一份总运单或分运单。如果货未到或未全到,可以按照托运书上的数据填入交接单并注明,货物到齐后再进行修改。

5. 接收货物

接收货物一般与接受单证同时进行。航空货代把即将发运的货物从托运人手中接来送到自己的仓库,对于通过铁路运输或空运从内地运往出境地的出口货物,货运代理根据托运人提供的运单号、航班号、接货地点及接货日期,代其提取货物。如货物已在始发地办理了出口海关手续,托运人应同时提供始发地海关的关封,航空货代在接货时应对货物进行检验并办理交接手续。

6. 填制航空货运单

航空货运单包括总运单和航空货代公司的分运单,填写的主要依据是托运人提供的国际货物托运书。在实务中航空货运单均由承运人或其代理代为填制。航空货运单一般用英文填写。目的地为中国香港地区的航空货运单可以用中文填写。托运单上的各项内容都应体现在航空货运单上。已订舱的货物或运费到付的货物,运单上要注明已订妥的航班号、航班日期。对于运输途中需要特殊对待的货物还应在航空货运单"Handing Information"栏中注明。

所托运的货物是直接发给国外收货人的单票托运货物,填写航空公司总运单即可。但货物如果属于以国外货代为收货人的集中托运货物,必须先为每票货物填写分运单,再填写总运单,以便国外代理对总运单下的各票货物进行分拨。总运单下有几份分运单时,需制作航空货物清单。总运单上货物的件数必须与相对应的几份分运单的件数相同。

7. 标记与标签

在航空货物运输中一定要刷上标记和贴上标签。标记是货物外包装上由托运人书写的有关事项和记号,如托运人和收货人的姓名、地址、联系电话、传真、合同号、运输操作事项等内容。

标签是对承运货物的标志。航空货运代理必须为每件货物拴挂或粘贴上有关的标签。对于一票货物,如果航空货运代理公司出具了分运单,则除了航空公司主标签外,还要加挂航空货代公司的分标签。对需要特殊处理的或照管的货物要粘贴指示性标签。

8. 配舱

配舱时核对托运书上预报的数量与货物的实际件数、重量、体积的差异,根据预订的舱位、板箱合理搭配,按照各航班机型、板箱型号、高度、数量进行配载。对货物晚到、未到情况以及未能顺利通关放行的货物进行调整处理,为制作配舱单做准备。

9. 订舱

订舱是指航空货代公司将所接收的空运货物向航空公司正式提出运输申请并订妥舱位。第一,航空货代接到托运人的发货预报,向航空公司吨控部门领取并填写订舱单,同时提供相应信息,包括货物的名称、体积、重量、件数、目的地、要求出运的时间及其他运输要求。第二,航空公司接受订舱后,签发舱单,同时给予装货集装箱领取凭证,以表示舱位已订妥。航空货代在订舱时,应依照托运人的要求选择最佳的航线和最佳的承运人,为托运人争取最低、最合理的运价。

10. 出口报关

在航空货物发运前,托运人或其代理人应向出境地海关办理货物出口手续。程序为:电脑预录入——→报关单上盖章——→准备随附单证——→向海关申报——→海关审核放行。

11. 出仓单

出仓单用于仓库安排货物出库计划及供装板、装箱部门作为仓库提货的依据和仓库交货的凭证,同时也是制作国际货物交接清单的依据。配舱方案制定后,就可编制出仓单。出仓单上应载明出仓日期、承运航班日期、装载板箱形式及数量、货物进仓顺序编号、总运单号、件数、重量、体积、目的地三字代码和仓库交货的凭证。

12. 提板、箱与装货

根据订舱计划向航空公司申请板、箱并办理相关手续。提板、箱时,应领取相应的塑料薄膜和网。对使用的板、箱要登记、消号。一般情况下,航空货物均以集装箱或集装板形式装运。

装板、装箱应注意如下事项:不要用错集装箱、集装板,不要用错板型、箱型;不要超过装箱、装板尺寸;要垫衬、封盖好塑料薄膜,以防潮、防雨淋;集装箱、集装板内货物尽可能配装整齐,结构稳定,接紧网索,防止运输途中倒塌;对于大宗货物,尽可能将整票货物装载在一个或几个板、箱内运输。

大宗货物、集中托运货物可以在货运代理公司自己的仓库、场地、货棚装板、装箱,亦可在航空公司指定的场地装板、装箱。

13. 签单

航空公司的地面代理规定,只有签单确定后才允许将单、货交给航空公司,所以航空货代在货运单盖好海关放行章后,还应到航空公司签单,审核确定运价使用是否正确以及货物性质是否适合航空运输。

14. 交接发运

交接发运是指航空公司交单接货,由航空公司安排运输。交单就是将随机单据和应由承运人留存的单据交给航空公司。随机单据包括第二联航空货运单正本、发票、装箱单、产地证明、品质鉴定书等。交货是指把与单证相符的货物交给航空公司。大宗货物、集中托运货物,以整板、整箱称重交接;零散小货按票称重,计件交接。但交货前必须粘贴或拴挂货物标签,清点和核对货物,填写货物交接清单。

15. 航班跟踪

单、货交给航空公司后,航空公司可能会因为各种原因不能按预定时间运出,所以航空货代从单、货交给航空公司后就需对航班、货物进行跟踪。

16. 信息服务

航空货运代理从接受发货人委托开始,就须在多个方面为客户做好信息服务。航空货代应向委托人提供的信息主要有:订舱信息、审单情况、报关信息(货主委托航空货代报关的情况下)、称重信息、仓库收货信息、集中托运信息、单证信息、一程及二程航班信息等。

17. 费用结算

(1)向承运人支付航空运费及代理费,同时收取代理佣金。

(2)在运费预付的情况下,收取航空运费地面运输费及各种服务费和手续费。

(3)与国外代理结算到付运费和利润分成。航空公司与国外航空货运代理存在长期代理协议,一般采取在一定时期内清算的方法,与国外代理结算一般应收应付费用会相互抵消。

二、国际航空货运进口代理业务流程

(一)国际航空货运进口代理业务流程图

国际航空货运进口代理业务流程如图6-2所示:

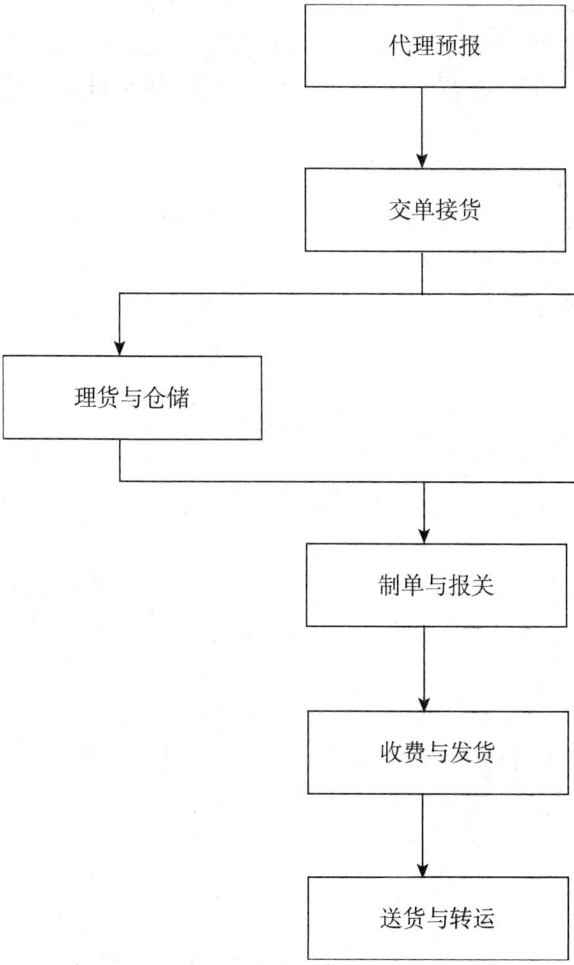

图6-2　国际航空货运进口代理业务流程图

（二）国际航空货运进口代理业务程序

1. 代理预报

在国外货物发运之前,由国外代理将运单、航班、件数、重量、品名、实际收货人及地址、联系电话等内容通过传真或电子邮件发给目的地代理。

2. 交接单、货

航空公司的地面代理向货运代理交接的有国际货物交接清单、总运单、随机文件与货物。交接时要单单核对、单货核对。

3. 理货与仓储

（1）逐一核对每票货物件数并再次检查货物的情况,如有异常,确属接货时未发现的情况,可向民航提出交涉解决。

（2）将不同的货类分别存放、进仓。堆存时要注意货物箭头朝向,总运单、分运单标志朝向,注意重不压轻、大不压小。

（3）登记每票货物储存区号,并输入电脑。

4. 理单与到货通知

航空货代公司的理单人员需将总运单、分运单与随机单证、国外代理先期寄达的单证进行审核、编配。单证齐全、符合报关条件的即转入制单、报关程序。如果单证不齐，应立即与货主联系，催其交齐单证，使之符合报关条件。同时，货物到目的地后，货运代理应尽快发出到货通知。如货主自行报关，提醒货主配齐有关单证，尽快报关，为货主减少仓储费，避免海关滞报金。

5. 制单与报关

如果货主要求货代代为报关，航空货代应按海关的要求，根据运单、发票、装箱单及证明货物合法进口的批文制作进口货物报关单。如货主要求异地清关，在符合海关规定的情况下，制作转关运输申报单，附上相关文件办理转关手续。海关接受申报后，经过初审、审单、检验、征税，然后放行。

6. 收费与发货

办完报关、报验等手续后，货主凭盖有海关放行章、检验检疫章的进口提货单到所属监管仓库付费提货。航空货代公司仓库在发货前，一般先将费用收妥再发货。收费内容主要有：到付运费及垫付佣金、单证报关费、仓储费、装卸费、铲车费、航空公司到港仓储费、海关预录入及商检费等代收代付费用、关税及垫付佣金。

仓库发货时，须再次检查货物外包装情况，遇有破损、短缺，应向货主做出交代，应指导并协助货主合理安排安全装车，以提高运输效益，保障运输安全。

7. 送货与转运

送货是指航空货代将进口清关的货物用汽车直接运送到货主单位，也叫送货上门。航空货代在货主的委托下将进口清关的货物用火车、飞机、汽车、水运、邮政等方式转运到货主所在地，叫转运业务。

三、航空运单

（一）航空运单的性质、作用

航空运单（Air Waybill）与海运提单有很大不同，却与国际铁路运单相似。它是由承运人或其代理人签发的重要的货物运输单据，是承托双方的运输合同，其内容对双方均具有约束力。航空运单不可转让，持有航空运单也并不能说明可以对货物要求所有权。

1. 航空运单是发货人与航空承运人之间的运输合同

与海运提单不同，航空运单不仅证明航空运输合同的存在，而且其本身就是发货人与航空运输承运人之间缔结的货物运输合同，在双方共同签署后产生效力，并在货物到达目的地交付给运单上所记载的收货人后失效。

2. 航空运单是承运人签发的已接收货物的证明

航空运单也是货物收据，在发货人将货物发运后，承运人或其代理人就会将其中一份交给发货人（即发货人联），作为已经接收货物的证明。除非另外注明，它是承运人收到货物并在良好条件下装运的证明。

3. 航空运单是承运人据以核收运费的账单

航空运单分别记载着属于收货人负担的费用、属于应支付给承运人的费用和应支付给代理人的费用，并详细列明费用的种类、金额，因此可作为运费账单和发票。承运人往往也将其中的承运人联作为记账凭证。

4. 航空运单是报关单证之一

出口时航空运单是报关单证之一。在货物到达目的地机场进行进口报关时，航空运单也通常是海关查验放行的基本单证。

5. 航空运单同时可作为保险证书

如果承运人承办保险或发货人要求承运人代办保险,则航空运单也可作为保险证书。

6. 航空运单是承运人内部业务的依据

航空运单随货同行,证明了货物的身份。运单上载有有关该票货物发送、转运、交付的事项,承运人会据此对货物的运输做出相应安排。

航空运单的正本一式三份,每份都印有背面条款,其中一份交发货人,是承运人或其代理人接收货物的依据;第二份由承运人留存,作为记账凭证;最后一份随货同行,在货物到达目的地并交付给收货人时作为核收货物的依据。

(二)航空运单的分类

航空运单主要分为两大类:

1. 航空主运单(MAWB,Master Air Waybill)

凡由航空运输公司签发的航空运单就称为主运单。它是航空运输公司据以办理货物运输和交付的依据,是航空公司和托运人订立的运输合同,每一批航空运输的货物都有自己相对应的航空主运单。

2. 航空分运单(HAWB,House Air Waybill)

集中托运人在办理集中托运业务时签发的航空运单被称作航空分运单。在集中托运的情况下,除了航空运输公司签发主运单外,集中托运人还要签发航空分运单。在这时,航空分运单作为集中托运人与实际托运人之间的货物运输合同,合同双方分别为货主和集中托运人;而航空主运单作为航空运输公司与集中托运人之间的货物运输合同,当事人则为集中托运人和航空运输公司。货主与航空运输公司没有直接的契约关系。

不仅如此,由于在起运地由集中托运人将货物交付航空运输公司,在目的地由集中托运人或其代理从航空运输公司处提取货物,再转交给收货人,因而货主与航空运输公司也没有直接的货物交接关系。

(三)航空运单的内容

航空运单与海运提单类似——也有正面、背面条款之分,不同的航空公司也会有自己独特的航空运单格式。所不同的是,航运公司的海运提单可能千差万别,但各航空公司所使用的航空运单则大多借鉴 IATA 所推荐的标准格式,差别并不大。所以我们这里只介绍这种标准格式,也称中性运单。下面就有关需要填写的栏目进行说明:

(1)始发站机场:需填写 IATA 统一编制的始发站机场或城市的三字代码,这一栏应该和(9)栏一致。

(1A)IATA 统一编制的航空公司代码,如我国的国际航空公司的代码就是 999。

(1B)运单号。

(2)发货人姓名、住址(Shipper's Name and Address):填写发货人姓名、地址、所在国家及联络方法。

(3)发货人账号:只在必要时填写。

(4)收货人姓名、住址(Consignee's Name and Address):应填写收货人姓名、地址、所在国家及联络方法。与海运提单不同,因为空运单不可转让,所以"凭指示"之类的字样不得出现。

（5）收货人账号：同（3）栏一样只在必要时填写。

（6）承运人代理的名称和所在城市（Issuing Carrier's Agent Name and City）。

（7）代理人的 IATA 代号。

（8）代理人账号。

（9）始发站机场及所要求的航线（Airport of Departure and Requested Routing）：这里的始发站应与（1）栏填写的相一致。

（10）支付信息（Accounting Information）：此栏只有在采用特殊付款方式时才填写。

（11A）、（11C）、（11E）：去往（To）。分别填入第一（二、三）中转站机场的 IATA 代码。

（11B）、（11D）、（11F）：承运人（By）。分别填入第一（二、三）段运输的承运人。

（12）货币（Currency）：填入 ISO 货币代码。

（13）收费代号：表明支付方式。

（14）运费及声明价值费（WT/VAL，Weight Charge/Valuation Charge）：此时可以有两种情况——预付（PPD，Prepaid）或到付（COLL，Collect）。如预付在（14A）中填入"＊"，否则填在（14B）中。需要注意的是，航空货物运输中运费与声明价值费支付的方式必须一致，不能分别支付。

（15）其他费用（Other）：也有预付和到付两种支付方式。

（16）运输声明价值（Declared Value for Carriage）：在此栏填入发货人要求的用于运输的声明价值。如果发货人不要求声明价值，则填入"NVD（No Value Declared）"。

（17）海关声明价值（Declared Value for Customs）：发货人在此填入对海关的声明价值，或者填入"NCV（No Customs Valuation）"，表明没有声明价值。

（18）目的地机场（Airport of Destination）：填写最终目的地机场的全称。

（19）航班及日期（Flight/Date）：填入货物所搭乘航班及日期。

（20）保险金额（Amount of Insurance）：只有在航空公司提供代保险业务而客户也有此需要时才填写。

（21）操作信息（Handling Information）：一般填入承运人对货物处理的有关注意事项，如"Shipper's Certification for Live Animals（托运人提供活动物证明）"等。

（22A）—（22L）货物运价、运费细节。

（22A）货物件数和运价组成点（NO. of Pieces and RCP/Rate Combination Point）：填入货物包装件数，如 10 包即填"10"。当需要组成比例运价或分段相加运价时，在此栏填入运价组成点机场的 IATA 代码。

（22B）毛重（Gross Weight）：填入货物总毛重。

（22C）重量单位：可选择千克或磅。

（22D）运价等级（Rate Class）：针对不同的航空运价共有 6 种代码，它们是 M（Minimum，起码运费）、C（Specific Commodity Rates，特种货物运价）、S（Surcharge，高于或等于普通货物运价的货物运价）、R（Reduced，低于普通货物运价的货物运价）、N（Normal，45千克以下货物适用的普通货物运价）、Q（Quantity，45 千克以上货物适用的普通货物运价）。

（22E）商品代码（Commodity Item NO.）：在使用特种运价时需要在此栏填写商品代码。

（22F）计费重量（Chargeable Weight）：此栏填入航空公司据以计算运费的计费重量，

该重量可以与货物毛重相同,也可以不同。

(22G)运价(Rate/Charge):填入该货物适用的费率。

(22H)运费总额(Total):此栏数值应为起码运费值或者是运价与计费重量两栏数值的乘积。

(22I)货物的品名、数量,含尺码或体积(Nature and Quantity of Goods incl. Dimensions or Volume):货物的尺码应以厘米或英寸为单位,尺寸分别以货物最长、最宽、最高边为基础。体积则是上述三边的乘积,单位为立方厘米或立方英寸。

(22J)该运单项下货物总件数。

(22K)该运单项下货物总毛重。

(22L)该运单项下货物总运费。

(23)其他费用(Other Charges):指除运费和声明价值附加费以外的其他费用。根据IATA规则,各项费用分别用三个英文字母表示。其中前两个字母是某项费用的代码,如运单费就表示为AW(Air Waybill Fee)。第三个字母是C或A,分别表示费用应支付给承运人(Carrier)或货运代理人(Agent)。

(24)—(26)分别记录运费、声明价值费和税款金额,有预付与到付两种方式。

(27)、(28)分别记录需要付与货运代理人(Due Agent)和承运人(Due Carrier)的其他费用合计金额。

(29)需预付或到付的各种费用。

(30)预付、到付的总金额。

(31)发货人的签字。

(32)签单时间(日期)、地点、承运人或其代理人的签字。

(33)货币换算及目的地机场收费记录。

以上所有内容不一定要全部填入空运单,IATA也并未反对在运单中写入其他所需的内容。但这种标准化的单证对航空货运经营人提高工作效率、促进航空货运业向电子商务的方向迈进有着积极的意义。

(四)航空货运单示例

航空货运单如表6-3所示。

(五)航空货运单填写实例

用表6-2中所示国际货物托运书的资料填写航空货运单,具体见表6-4。

表 6-3

航空货运单

(1A)	(1)	(1B)	(1A)	(1B)

Shipper's Name and Address (2)	(3)Shipper's Account Number	Not Negotiable Air Waybill (1C) Issued By

Copy 1, 2 and 3 of this Air Waybill are originals and has the same validity.

Consignee's Name and Address (4)	(5)Consignee's Account Number	It is agreed that the goods described herein are accepted in apparent good order and condition (except as noted) for carriage subject to the conditions of contract on the reverse hereop.All goods may be carried by any other means in cluding road or any other carrier unless specific contrary instructions are given hereon by the shipper. The shipper's attention is orawn to the notice concerning carrier's limitation of liability. The shipper may increase such limitation of liability by declaring a higher value for carriage and paying a supplemental charge if required. (1E)

Issuing Carrier's Agent Name and City (6)	Accounting Information (10)

Agent's IATA Code (7)	Account No. (8)	

Airport of Departure (Add. of First Carrier) and Requested Routing (9)   Reference Number

To (11A)	Routing and Destination	To (11C)	By (11D)	To (11E)	By (11F)	Currency (12)	CHGS Code (13)	WT/VAL		COLE. (14B)	PPD (15A)	COLE. (15B)	Declared Value for Carriage (16)	Declared Value for Customs (17)
	By First Carrier (11B)							PPD (14A)	COLE.					

Optional Shipping Information (34A) (34B) (34C)

AIRPORT OF DESTINATION (18)	Flight/Date For Carrier Use Only Flight/Date	AMOUNT OF INSURANCE (20)
	(19A) (19B)	

表 6-3(续)

Handling Information (21)								(21A) SCI

No. of Packages RCP	Gross Weight	kg lb	Rate Class	Commodity Item No.	Chargeable Weight	Rate/Charge	Total	NATURE AND QUANTITY OF GOODS(INCL.DIMENSIONS OR VOLUME)
			(22D) (22Z)					
(22A) (22J)	(22B) (22K)	(22C)		(22E)	(22F)	(22G)	(22H) (22L)	(22I)

	Prepaid		Collect		Other Charges	
Weight Charge	(24A)		(24B)		(23)	
Valuation Charge	(25A)		(25B)			
Tax	(26A)		(26B)			
Total Other Charges Due Agent	(27A)		(27B)			
Total Other Charges Due Carrier	(28A)		(28B)		Signature of Shipper or His Agent (31)	
Total Prepaid	Total Collect					
(29A)	(29B)					
(30A)	(30B)					

表 6-3（续）

Currency Conversion Rates (33A)	CC Charges in Dest. Currency (33B)	(32A) (32B) (32C) Executed on (Date) at (Place) Signature of Issuing Carrier or His Agent
For Carrier's Use Only At Destination (33)	Charges at Destination (33C)	Total Collect Charges (33D)

表6-4

航空货运单填写实例

Shipper's Name and Address	Shipper's Account Number	Not Negotiable Air Waybill Issued By
CHINA INDUSTRY CORP, BEIJING P.R.CHINA TEL:86(10)6456666		Copy 1,2 and 3 of this Air Waybill are originals and has the same validity.
Consignee's Name and Address	Consignee's Account Number	It is agreed that the goods described herein are accepted in apparent good order and condition (except as noted) for carriage subject to the conditions of contract on the reverse hereof. All goods may any other carrier unless specific contrary instructions are given hereon by the shipper. The shipper's attention is drawn to the notice concerning carrier's limitation of liability. The shipper may increase such limitation of liability by declaring a higher value for carriage and paying a supplemental charge if required. (1E)
NEW YORK SPORT IMPORTERS, NEW YORK U.S.A. TEL:78789999		

Issuing Carrier's Agent Name and City
KUNDA AIR FREIGHT CO. LTD

Agent's IATA Code	Account No.	Accounting Information

Airport of Departure(Addr. of First Carrier)and Requested Routing	Reference Number	Optional Shipping Information
CAPITAL INTERNATIONAL AIRPORT		

Routing and Destination		To	By	To	By
To JFK	By First Carrier CA				

Currency	CHGS Code	WT/VAL		Other		Declared Value for Carriage	Declared Value for Customs
		PPD	COLE.	PPD	COLE.		
CNY		x		x		NVD	NCV

Airport of Destination	Flight/Date	For Carrier Use Only Flight/Date	Amount of Insurance
	CA921/30,JUL,2005		x x x

表 6-4（续）

JOHN KENNEDY

Handling Information

1COMMERCIAL   KEEP UP SIDE

| | | | SCI |

No. of Packages RCP	Gross Weight	kg lb	Rate Class	Commodity Item No.	Chargeable Weight	Rate/Charge	Total	Nature and Quantity of Goods(Incl. Dimensions or Volume)
1	25.2	K	N		25.5	37.51	956.51	SAMPLE DIMS:82 × 48 × 32CM

Prepaid   Weight Charge   Collect
956.51

Valuation Charge

Tax

Other Charges

Total Other Charges Due Agent

Total Other Charges Due Carrier

CHINA INDUSTRY CORP, BEIJING

P.R. CHINA 杨华

Signature of Shipper or His Agent

Total Prepaid   Total Collect
956.51

30 JUL 2005 BEIJING AIR CHINA 李明

Executed on(date) at (place)   Signature of Issuing Carrier or His Agent

Currency Conversion Rates   CC Charges in Dest.Currency

For Carrier's Use Only At Destination   Charges at Destination   Total Collect Charges

第二节 国际航空货物运价基本知识

一、运价、运费与计费重量

(一)运价(Rates)

承运人为运输货物对规定的每一重量单位(或体积)收取的费用称为运价,又称费率。运价仅仅指机场与机场间(Airport to Airport)的空中费用,不包括其他费用(Other Charges),如地面运输、仓储、制单、货物清关等承运人、代理人、机场或其他部门收取的与空运有关的费用。

航空运价一般以运输始发地的本国货币公布,也有的国家以美元代替其本国货币公布,美元则视为运价公布国的当地货币。

(二)运费(Weight Charges)

根据运价计算得到的发货人或收货人应当支付的每票货物从始发地机场至目的地机场的运输费用称为运费。每票货物指的是使用同一份航空货运单的货物。航空运费根据运价计算得出,因此同运价一样,不包括其他费用。

(三)计费重量(Chargeable Weight)

航空货运的计费重量是计算货物航空运费的重量。航空运费是由运价乘以货物的重量来确定的,但这里"千克"数是指货物的计费千克数。计费重量千克数并不一定等于普通人理解的货物通过磅秤称出来的千克数,有的时候,这个千克数是用米尺"量"出来的。航空货运的计费重量或者是货物的实际毛重,或者是货物的体积重量,或者是较高重量分界点的重量。

1. 重货(High Density Cargo)

重货是指那些每6 000立方厘米或每366立方英寸(1立方英寸约等于16.387立方厘米,下同)重量超过1千克或者每166立方英寸重量超过1磅的货物。重货的计费重量就是它的毛重(Gross Weight),即货物的毛重是指货物的净重(Net Weight)加上外包装的重量(Tare Weight)。

如果货物的毛重以千克表示,计费重量的最小单位是0.5千克。当重量不足0.5千克时,按0.5千克计算;超过0.5千克不足1千克时按1千克计算。如果货物的毛重以磅表示,当货物不足1磅时,按1磅计算。

例如:125.001千克计费重量为125.5千克;125.501千克计费重量为126.0千克。但每张航空货运单的货物重量不足1千克时,按1千克计算。

2. 轻货(Low Density Cargo)

轻货或轻泡货物是指那些每6 000立方厘米或每366立方英寸重量不足1千克或者每166立方英寸重量不足1磅的货物。

轻泡货物以它的体积重量(Volume Weight)作为计费重量。计算方法是:

(1)不考虑货物的几何形状分别量出货物的最长、最宽、最高的部分,单位为厘米或英寸,测量数值的尾数四舍五入。

(2)将货物的长、宽、高相乘得出货物的体积。

（3）将体积折合成千克或磅，即根据所使用的不同度量单位分别用体积值除以6 000立方厘米或366立方英寸或166立方英寸。体积重量尾数的处理方法与毛重尾数的处理方法相同。

国际航空运输协会（IATA）统一确定了"体积重量"（Volume Weight）的标准公式，轻泡货物的计费重量公式为：

计费体积重量（千克，kgs）＝长（cm）×宽（cm）×高（cm）÷6 000（cm/kg）

换言之，对于轻泡货物而言，货物的体积重量（千克）＝货物的体积（cm³）÷6 000，即6 000立方厘米体积的货物按1千克重来计算运费。

按照实际重量与体积重量择大计费的原则，如果货物比如棉花、编织工艺品等的比重小而单位体积偏大，那么应当测量货物的体积，根据以上公式计算出体积重量，然后将货物的实际重量与体积重量做比较，择其大者作为计费重量，乘以运价就得出了应收运费。

例：如果有3箱110cm×57cm×57cm的货物从北京出口到加拿大，总的实际毛重为105kgs，单位运价为38元/千克，求该批货物的运费。

解：体积重量＝长（cm）×宽（cm）×高（cm）×3÷6 000
　　　　　　＝110cm×57cm×57cm×3÷6 000
　　　　　　＝178.695（kgs）
　　　　　　＝179（kgs）

而该批货物的实际毛重为105kgs，小于体积重量179kgs，因此体积重量就是向航空公司付费的计费重量。所以该批货物的运费为：

航空运费＝计费重量×单位运价
　　　　＝179×38＝6 802（元）

如果在集中托运的情况下，同一运单项下有多件货物，其中有重货也有轻货，此时货物的计费重量就按照该批货物的总毛重或总体积重量中较高的一个计算。也就是首先计算这一整批货物总的实际毛重；其次，计算该批货物的总体积，并求出体积重量；最后，比较两个数值，并以高的作为该批货物的计费重量。

在实际业务中，航空公司在丈量货物的外包装时，往往会比箱子的实际尺寸多出一两厘米，如果箱子有突出部分，按突出部分的长度来计算。因此，客户可能往往会发现货运代理或航空公司收取的费用与自己原先计算的重量有出入。

二、运价的分类与使用原则

按照IATA货物运价公布的形式，国际货物运价可分为公布的直达运价和非公布直达运价。在此只介绍公布的直达运价。

（一）公布的直达运价

公布的直达运价指航空公司在运价本上直接注明承运人对由甲地运至乙地的货物收取的一定金额。

1. 公布的直达运价的种类

（1）特种货物运价（Specific Commodity Rates，SCR）。特种货物运价通常是承运人根据在某一航线上经常运输某一种类货物的托运人的请求或为促进某地区间某一种类货物的运输，经国际航空运输协会同意而提供的优惠运价，用"C"表示。

国际航空运输协会公布特种货物运价时将货物划分为以下类型：

0001—0999 食用动物和植物产品；

1000—1999 活动物和非食用动物及植物产品；

2000—2999 纺织品、纤维及其制品；

3000—3999 金属及其制品，但不包括机械、车辆和电器设备；

4000—4999 机械、车辆和电器设备；

5000—5999 非金属矿物质及其制品；

6000—6999 化工品及相关产品；

7000—7999 纸张、芦苇、橡胶和木材制品；

8000—8999 科学、精密仪器、器械及配件；

9000—9999 其他货物。

其中每一组又细分为 10 个小组，每个小组再细分，这样几乎所有的商品都有一个对应的组号，公布特种货物运价时只要指出本运价适用于哪一组货物就可以了。

因为承运人制定特种运价的初衷主要是使运价更具竞争力，吸引更多客户，并使航空公司的运力得到更充分的利用，所以特种货物运价比普通货物运价要低。

（2）等级货物运价（Class Rates or Commodity Classification Rates，CCR）。等级货物运价适用于指定地区内部或地区之间的少数货物运输，通常表示为在普通货物运价的基础上不增加也不减少或增加一定的百分比，用"S"表示。在普通货物运价的基础上减少一定百分比用"R"表示。

适用等级货物运价的货物通常有：活动物、活动物的集装箱和笼子；贵重物品；尸体或骨灰；报纸、杂志、期刊、书籍、商品目录、盲人和聋哑人专用设备和书籍等出版物；作为货物托运的行李。其中前三项通常在普通货物运价基础上增加一定百分比，后两项在普通货物运价的基础上减少一定百分比。

（3）普通货物运价（General Cargo Rates，GCR）。普通货物运价是指除了等级货物运价和指定货物运价以外的适用于普通货物的运价。普通货物运价是用得最广泛的一种运价。当一批货物不能适用特种货物运价，也不适用于等级货物时，就应该用普通货物运价。

通常，各航空公司公布的普通货物运价针对所承运货物数量的不同规定几个计费重量分界点（Breakpoints）。最常见的是 45 千克分界点，将货物分为 45 千克以下的货物（该种运价又被称为标准普通货物运价，即 Normal General Cargo Rates，NGCR，或简称 N），运价用"N"表示；45 千克以上（含 45 千克）的货物，运价用"Q45"表示；还可以规定 100 千克、300 千克为分界点的货物运价，分别用"Q100""Q300"表示，甚至更多。运价的数额随运输货量的增加而降低，这也是航空运价的显著特点之一。

由于对大运量货物提供较低的运价，我们很容易发现对一件 75 千克的货物，按照 45 千克以上货物的运价计算的运费（$9.82 \times 75 = 736.50$）反而高于一件 100 千克的货物所应付的运费（$7.14 \times 100 = 714.00$），显然这有些不合理，因此航空公司又规定对航空运输的货物除了要比较其实际的毛重和体积重量并以高的为计费重量以外，如果适用较高的计费重量分界点计算出的运费更低，则也可适用较高的计费重量分界点的费率，此时货物的计费重量为那个较高的计费重量分界点的最低运量。也就是说，在上边的例子中，这件 75 千克的货物也可以适用每千克 7.14 英镑的费率，但货物的计费重量此时应该是

100 千克,运费额为 714 英镑。

（4）起码运费(Minimum Charges,M)。起码运费是航空公司办理一批货物所能接受的最低运费,是航空公司在考虑办理即使很小的一批货物也会产生固定费用后制定的。

如果承运人收取的运费低于起码运费,就不能弥补运送成本。因此,航空公司规定无论所运送的货物适用哪一种航空运价,所计算出来的运费总额都不得低于起码运费。若计算出的数值低于起码运费,则以起码运费计收,另有规定除外。

2. 公布的直达运价的使用

（1）除起码运费外,公布的直达运价都以千克或磅为单位。

（2）航空运费计算时,应首先适用特种货物运价,其次是等级货物运价,最后是普通货物运价。

（3）按特种货物运价或等级货物运价或普通货物运价计算的货物运费总额低于所规定的起码运费时,按起码运费计收。

（4）承运货物的计费重量可以是货物的实际重量或者是体积重量,以高的为准;如果某一运价要求有最低运量,而无论货物的实际重量或者是体积重量都不能达到要求时,以最低运量为计费重量。

（5）公布的直达运价是一个机场至另一个机场的运价,而且只适用于单一方向。

（6）公布的直达运价仅指基本运费,不包含提货、报关、接交和仓储等等附加费。

（7）原则上,公布的直达运价与飞机飞行的路线无关,但可能因承运人选择的航路不同而受到影响。

（8）运价的货币单位一般以起运地当地货币单位为准,费率以承运人或其授权代理人签发空运单的时间为准。

（9）航空运单中的运价是出具运单之日所适用的运价。

（二）航空附加费

1. 声明价值附加费(Valuation Charges)

与海运或铁路运输的承运人相似,航空承运人也要求将自己对货方的责任限制在一定的范围内,以降低经营风险。

《华沙公约》中对由承运人造成的货物的灭失、损坏或延迟规定了最高赔偿责任限额,这一金额是每千克 20 美元或每磅 9.07 英镑或其他等值货币。如果货物的价值超过了上述值,即增加了承运人的责任,发货人在交运货物时就应向承运人声明货物的价值。承运人根据货物的声明价值向托运人收取一定的费用,该费用称为声明价值附加费。否则即使出现更多的损失,承运人对超出的部分也不承担赔偿责任。

货物的声明价值是针对整件货物而言的,不允许对货物的某部分声明价值。声明价值费的收取依据货物的实际毛重,其计算公式为:

声明价值费 = (货物声明价值 − 货物毛重 × 20 美元/千克) × 声明价值费费率

声明价值费的费率通常为 0.5%。大多数的航空公司在规定声明价值费率的同时还要规定声明价值费的最低收费标准。如果根据上述公式计算出来的声明价值费低于航空公司的最低标准,则托运人要按照航空公司的最低标准缴纳声明价值费。

2. 其他附加费

其他附加费包括制单费、货到付款附加费、提货费等等,一般只有在承运人或航空货运代理人或集中托运人提供服务时才收取。

因为普通货物运价(GCR)是适用最为广泛的一种运价,因此我们在此重点讲述普通货物运价的计算。

三、普通货物运价的计算

(一)运价表(见表6-5)

表6-5　　　　　　　　　　　　　运价表

Date/ type (8)	note (9)	item (10)	min. weight (11)	local curr. (12)
BEIJING (1)			**CN** (2)	**BJS** (3)
Y. RENMINBI (4)			**CNY**	**KGS** (5)
TOKYO (6)	**JP** (7)	**M** (13)	230. 00
		N (14)		37. 51
		45		28. 13
(15)0008		300		28. 00
0300		500		20. 61
1093		100		18. 43
2195		500		18. 00

表6-5对应编号说明:

1. 始发国城市全称

2. 始发站国家的二字代码

3. 始发站城市的三字代码

4. 始发站国家的当地货币

5. 重量单位

6. 目的站城市全称

7. 目的站国家的二字代码

8. 运价的生效或截止日期/集装箱种类代号

9. 备注

10. 适用的商品品名编号

11. 使用相对应运价的最低重量限额

12. 用运输始发地货币表示的运价或最低运费

13. 最低运费

14. 低于45kg的运价(重量分级)

15. 指定商品代码

（二）确定货物的计费重量

第一步确定实际重量（毛重）（Gross Weight）；单位：0.1kg

第二步确定体积重量（Volume Weight）；单位：0.5kg

$1.0kg = 6\ 000cm^3$ $1m^3 = 166.67kg$

每千克货物的体积超过 6 000cm³ 时，称为轻泡货物。

进位方法：

例：100.001kg ——→100.5kg

100.501kg ——→101.0kg

货物的尺寸：46cm×51cm×72cm

体积重量 = 46cm×51cm×72cm÷6 000cm³/kg = 28.152kg ——→28.5kg

第三步确定计费重量（Chargeable Weight）；单位：0.5kg

体积重量、实际重量二者比较，取高者作为计费重量。

（三）计算实例

【实例1】一般运费计算

Routing：PEK—TYO

Commodity：Bamboo Basket

PC/WT：2/23.5kg

DIMS：39.6cm×40.20cm×50.4cm Each

（1）运价

M：230.00   CN

N：37.51

45：28.13

（2）体积重量

40cm×40cm×50cm×2÷6 000≈26.67kg ——→27.0kg

（3）计算运费

27.0kg×CNY37.51 = CNY 1 012.77

（4）填开货运单

（略）

【实例2】适用较高的计费重量分界点运费计算

Routing：PEK—TYO

Commodity：Bamboo Basket

PC/WT：2/40.0kg

DIMS：39.6cm×40.20cm×50.4cm Each

（1）运价

M：230.00   CN

N：37.51

45：28.13

（2）体积重量

40cm×40cm×50cm×2÷6 000≈26.67kg ——→27.0kg

（3）计算运费

$40.0\text{kg} \times \text{CNY}37.51 = \text{CNY}\ 1\ 500.40$

$45.0\text{kg} \times \text{CNY}28.13 = \text{CNY}\ 1\ 265.85$

两种计费方法比较，取低者，即　CNY 1 265.85。

（4）填开货运单

（略）

【实例3】适用限额点费用计算

Routing：PEK—TYO

Commodity：New Tape

PC/WT：1/0.4kg

（1）运价

M：230.00　　　CN

N：37.51

45：28.13

（2）运费

$0.5\text{kg} \times \text{CNY}37.51 = \text{CNY}18.755$

因为低于起码运费，所以应按起码运费计收，即　CNY 230.00。

（3）填开货运单

（略）

第三节　技能训练

一、益业公司委托明珠航空货代公司从重庆代运一批童装到新加坡，分组模拟国际航空货物出口货运代理业务流程。熟悉各流程，画出流程图。

二、某公司委托 A 航空货代公司从日本代运一批手机到成都，分组模拟国际航空货物进口货运代理业务流程。熟悉各流程，画出流程图。

三、根据下列资料正确缮制国际航空货物托运单和空运单各一份。

信用证资料：

FROM：UFJ BANK TOKYO

TO：BANK OF CHINA，JIANGSU BR.

DD：DEC. 28，2005

L/C NO.：UF789

DATE AND PLACE OF EXPIRY：FEB. 28，2006，CHINA

APPLICANT：XYZ COMPANY

6-2 OHTEMACHI 1-CHOME CHIYADA-KU TOKYO

BENEFICIARY：ABC COMPANY

NO 128 ZHONGSHAN XILU CHONGQING

CREDIT AMOUNT：USD 22 912.50

SHIPMENT FROM：CHONGQING，CHINA

FOR TRANSPORTATION TO：TOKYO，JAPAN

LATEST DATE OF SHIPMENT：JAN 18，2006

PARTIAL SHIPMENT AND TRANSHIPMENT：ALLOWED.

CONTRACT NO：04JS001

3 000PCS HOSPITAL UNIFORM，REF – 1702 T – XL，AT USD1. 95/PC

750PCS HOSPITAL UNIFORM，REF – 1802 T – UNICA，AT USD1. 60/PC

1 500PCS HOSPITAL UNIFORM，REF – 3009 T – XL，AT USD3. 85/PC

PRICE TERMS：CIP TOKYO

航空公司 2006 年 1 月 17 日对托运人的航空运单以下内容予以确认：

SHIPPER：ABC COMPANY

GOODS：HOSPITAL UNIFORM

FLIGHT：CA1908

ACTUAL FLIGHT DATE：JAN 18，2006

FROM CHONGQING AIRPORT TO TOKYO FOR TRANSPORTATION AIRPORT

G. W. ：1 232KGS MEAS：4. 2M^3

PACKED IN 88 CARTONS

空运单由承运人（SINOTRANS AIR JIANGSU COMPANY）的代理人王文签发

签发日：2006 年 1 月 18 日

四、根据下列资料和国际航空货物托运单（见表 6 – 6）缮制国际航空运单一份。

资料：

承运人：Air China International Corp　　　王林

航空货运代理人：China National Foreign Trade Transportation（Group）Corporation 李红

签发日：2005 年 7 月 25 日

表 6 – 6　　　　　　　　　　　国际航空货物托运单

托运人姓名及地址 SHIPPER'S NAME AND ADDRESS	托运人账号 SHIPPER'S ACCOUNT NUMBER	供承运人用 FOR CARRIER USE ONLY	
		航班/日期 FLIGHT/DAY	航班/日期 FLIGHT/DAY
WEISS-ROHLIG CHINA LTD. CHENGDU REPRESENTATIVE OFFICE TEL：028 – 88619800		CA921/30JUL,2005	
收货人姓名及地址 CONSIGNEE'S NAME AND ADDRESS	收货人账号 CONSIGNEE'S ACCOUNT NUMBER	已预留吨位 BOOKED	
MR. ALI SALAHI NO. 12，GND. SEDGHI NEJAD TRADE CENTRE，SOUTH SADEE ST. TEHRAV，IRAN TEL：98 – 21 – 33910719 FAX：98 – 21 – 3395248		运费 CHARGES PREPAID	

表 6 - 6(续)

代理人的名称和城市 ISSUING CARRIER'S AGENT NAME AND CITY CHINA NATIONAL FOREIGN TRADE TRANSPORTATION (GROUP) CORPORATION		ALSO NOTIFY:	
始发站 AIRPORT OF DEPARTURE CHENGDU SHUANGLIU AIRPORT			
到达站 AIRPORT OF DESTINATION TEHERAN IRAN			
托运人声明的价值 SHIPPER'S DECLARED VALUE		保险金额 AMOUNT OF IN-SURANCE ×××	所附文件 DOCUMENTS TO ACCOMPANY AIR WAYBILL
供运输用 FOR CARRIAGE NVD	供海关用 FOR CUSTOMS NCV		
处理情况(包括包装方式、货物标志及号码等) HANDLING INFORMATION(INCLU. METHOD OF PACKING,IDENTIFYING MARKS AND NUMBERS ETC.)			

件数 NO. OF PACKAGES	实际毛重千克(千克) ACTUAL GROSS WEIGHT (KG)	运价类别 RATE CLASS	收费重量 CHARGEA-BLE WEIGHT	费率 RATE / CHARGE	货物品名及数量(包括体积或尺寸) NATURE AND QUANTITY OF GOODS (INCL. DIMEN-SIONS OF VOLUME)
1	34KGS				

托运人签字(SIGNATURE OF SHIPPER) WEISS - ROHLIG CHINA LTD. 苏英	日期(DATE) 2005 - 7 - 24

五、计算:

1. 有一票热带鱼,毛重 120 千克,体积 0.504 立方米,需从我国某地空运至韩国首尔,问应如何计算其运费?(设一般货物运价:45 千克以上,每千克 9 港元;等级货物运价:每千克 16.70 港元;特种货物运价:每千克为 7.59 港元)

2. 有一台编织机,毛重为 90 千克,体积为 1 立方米,需从我国某地空运至泰国曼谷。问其空运运费为多少?(设一般货物运价:45 千克以上,每千克为 7 港元;等级货物运价:查询该商品不属于等级货物;特种货物运价:每千克为 6 港元,起码重量为 100 千克)

3. 有四票精密仪器需运至香港,它们的重量分别为 10 千克、20 千克、35 千克和 40 千克,如分别托运,各需要多少空运费?如集中托运,又需要多少空运费?(设一般货物的起码运费为 65 港元,45 千克以下每千克 3 港元,45 千克以上每千克 2.51 港元)

4. 一件玩具样品从上海运至巴黎,其毛重 5.3 千克,体积尺寸为 41cm×33cm×20cm,计算其航空运费。

公布运价如表 6-7 所示:

表 6-7 公布运价(1)

SHANGHAI	CN		SHA
Y. RENMINBI	CNY		KGS
PARIS	FR	M	320.00
		N	52.81
		45	44.60
		100	40.93

5.

Routing: Beijing, China(BJS)

to Tokyo, Japan(TYO)

Commodity: Moon Cake

Gross Weight: 1 Piece, 5.8Kgs

Dimensions: 1 Piece 42cm×35cm×15cm

计算该票货物的航空运费。

公布运价如表 6-8 所示:

表 6-8 公布运价(2)

BEIJING	CN		BJS
Y. RENMINBI	CNY		KGS
TOKYO	JP	M	230.00
		N	37.51
		45	28.13

6.

Routing: Beijing, China(BJS)

to Tokyo, Japan(TYO)

Commodity: Machinery

Gross Weight: 2 Pieces Each 18.59Kgs

Dimensions: 2 Pieces 70cm×47cm×35cm Each

计算该票货物的航空运费。

公布运价如表 6-9 所示:

表6-9   **公布运价(3)**

BEIJING	CN		BJS
Y. RENMINBI	CNY		KGS
TOKYO	JP	M	230. 00
		N	37. 51
		45	28. 13

7.

Routing：Beijing,China(BJS)

to Portland,U. S. A. (PDX)

Commodity：Fibres

Gross Weight：22 Pieces,Each 70. 50Kgs

Dimensions：22 Pieces,82cm×68cm×52cm Each

计算该票货物的航空运费。

公布运价如表6-10所示：

表6-10   **公布运价(4)**

BEIJING	CN			BJS
Y. RENMINBI	CNY			KGS
PORTLAND	U. S. A.		M	420. 00
			N	59. 61
			45	45. 68
			100	41. 81
			300	38. 79
		2 211	300	27. 29
		2 211	1 500	25. 49

第七章
国际铁路联运和国际多式联运

提示：

通过本章的学习，学生应能熟练地掌握国际铁路运输和国际多式联运货代的各业务环节，能填制国际铁路联运运单，计算国际铁路联运运费，提高国际铁路运输和国际多式联运代理业务的实际操作能力。

第一节　国际铁路货物联运进出口货物
运输代理业务流程

一、国际铁路联运业务流程

（一）国际铁路货物联运出口货物运输

国际铁路货物联运出口货物运输组织工作主要包括：铁路联运出口货物运输计划的编制、货物托运和承运、国境站的交接和出口货物的交付等。其流程如图 7-1 所示：

图 7-1　国际铁路货物联运出口货物运输流程图

1. 国际铁路货物联运出口货物运输计划的编制

国际铁路货物联运出口货物运输计划一般是指月度要车计划，它是对外贸易运输计划的组成部分，体现了对外贸易国际货物联运的具体业务，也是日常铁路联运工作的重要依据。

凡发送整车货物，都需要具备铁路部门批准的月度要车计划和旬度计划；发送零担货物,则不需要向铁路部门编报月度要车计划,但发货人必须事先向发站办理托运手续。

2. **国际铁路货物联运的托运和承运**

货物的托运,是发货人组织货物运输的一个重要环节。发货人在托运货物时,应向车站提出货物运单,以此作为货物托运的书面申请。车站接到运单后,应认真进行审核,检查整车货物是否有批准的月度、旬度货物运输计划和要车计划,检查货物运单各项内容是否正确,如确认可以承运,应予签证。车站在运单上填上货物进入车站日期或装车日期,即表示受理托运。发货人按签证指定的日期将货物搬入车站或指定的货位,铁路相关部门根据货物运单的记载查对实货,认为符合国际货协和有关规章制度的规定,车站方可接收货物,并开始负保管责任。整车货物一般在装车完毕后,发站在货物运单上加盖承运日期戳,即表示承运。

发运零担货物与整车货物不同,发货人在托运时,不需要编制月度、旬度要车计划,即可凭运单向车站申请托运。车站受理托运后,发货人应按签证制定的日期将货物搬进货场,送到指定的货位上,经查验、过磅后,即交由铁路相关部门保管。当车站将发货人托运的货物连同货物运单一同接受完毕并在货物运单上加盖承运日期戳时,即表示铁路部门对货物已承运。铁路部门对承运后的零担货物负保管、装车发运责任。

托运、承运完毕,铁路运单作为运输合同即开始生效。铁路部门按《国际铁路货物联运协定》(以下简称《国际货协》)的规定对货物负保管、装车并运送到指定目的地的一切责任。

(1)国际联运运单的组成

①运单正本(随同货物至到站,并连同第五张和货物一起交给收货人);

②运行报单(随同货物至到站,并留存到达路);

③运单副本(运输合同签订后,交给发货人);

④货物交付单(随同货物至到站,并留存到达路);

⑤货物到达通知单(随同货物至到站,并连同第一张和货物一起交给收货人)。

为发送路和过境路准备的补充运行报单包括:

带号码的补充运行报单必须由发站填制,一式三份——一份留站存查,一份交报发局(分局),一份随同货物至出口国境站截留。

不带号码的补充运行报单每一过境路填制一份,接车站为补直达车组中个别车辆时应多填制一份补充运行报单。货物由我国港口站进入,过境我国铁路运送时,港口站应多填制一份补充运行报单以及慢运或快运的票据,以便我国国境站截留后清算过境运送费用。

运单(包括不带号码的补充运行报单)正面未划粗线的为运送本批货物所需的各栏,由发货人填写。但第⑮、㉗、㉚、㊺及㊽各栏视由何人确定货物重量、办理货物装车或车辆施封而后确定应由发货人还是铁路填写;第㉖栏由海关记载。

运单中记载的事项,应严格按照为其规定的各栏和各行范围填写,但第⑨—⑪栏的"一般说明"中规定的情况除外。

中朝、中越铁路间运送的货物,可仅用本国文字填写,同其他《国际货协》参加路间运送货物时,则须附俄文译文。但我国经满洲里、绥芬河发到独联体的货物,可只用中文填写,不附译文。

（2）铁路运单格式

铁路运单格式如表7-1所示：

表7-1

铁路运单正本

（给收货人）

			㉕批号 （检查标签）			运输号码 ②合同编号		
发送路 简称 中铁 1	①发货人及通信 地址		③发站					
	⑤收货人及通信地址		④发货人的特别声明					
	⑥对铁路无约束效力的记载		㉖海关记载					
			㉗车辆 ㉘标记载重（吨） ㉙轴数 ㉚自重 ㉛换装后的货物重量					
⑦通过的国境站			㉗	㉘	㉙	㉚	㉛	
⑧到达路和到站								
国际货协运单 慢运	⑨记号、标记、号码	⑩包装种类	⑪货物名称	㊿附件第2号	⑫件数	⑬发货人确定的重量（千克）	㉜铁路确定的重量（千克）	
⑭共计件数（大写）			⑮共计重量（大写） 集装箱/运送用具			⑯发货人签字		
⑰互换托盘			⑱种类 类型			⑲所属者及号码		
⑳发货人负担下列过境铁路的费用			㉑办理种别 整车 零担 大吨位集装箱			㉒由何方装车		
						发货人	铁路	
			㉔货物的声明价格（瑞士法郎）					
			㊺封印			㉝		
						㉞		
						㉟		

130

国际货运代理实务操作

表7-1(续)

㉓发货人添加的文件		个数	记号	㊱
				㊲
				㊳
				㊴
㊻发站日期戳	㊼到站日期戳	㊽确定重量方法	㊾过磅站戳记,签字	㊵
				㊶
				㊷
				㊸
				㊹

(3)国际铁路联运运单正面的填制说明

① 发货人及通信地址

填写发货人、姓名及其通信地址。发货人只能是一个自然人或法人。发货人名称可为发货人姓名或发货人单位完整名称。由中、朝、越发货时,准许填写这些国家规定的发货人及其通信地址的代号。

② 合同号码

发货人应在该栏内填写出口单位和进口单位签订的供货合同号码。如供货合同有两个号码,则发货人在该栏内填写出口单位合同号码,进口单位合同可填写在第⑥栏内。

③ 发站

填写运价规程中所载的发站全称;由朝鲜运送货物时,还应注明发站的数字代号(如咸兴为3-521)。

④ 发货人的特别声明

发货人可在本栏中填写自己的说明,例如对运单的修改、易腐货物的运送方法等。

⑤收货人及通信地址

填写收货人名称及通信地址。收货人只能是一个自然人或法人。收货人名称可为收货人姓名或收货单位完整名称。必要时,收货人可指定在收货人的专用线或专用铁路交货。往中、朝、越发货时,准许填写这些国家规定的收货人及其通信地址的代号。

⑥ 对铁路无约束效力的记载

发货人可以在本栏填写有关本批货物的记载,仅供收货人参考,铁路对此不承担任何义务和责任,如"运送用具(或空容器)应予以返还"。

⑦ 通过的国境站

说明货物应通过的发送国和过境国的出口国境站。如有可能从一个出口国境站通过邻国的几个进口国境站办理货物运送,则还应注明运送所要通过的进口国境站。

⑧ 到达路和到站

在斜线之前,应注明到达路的简称,在斜线之后,应用印刷体字母(中文用正楷粗体字)注明运价规程中所载的到站全称。运往朝鲜的货物,还应注明到站的数字代码(如平壤为1-030)。

第⑨—⑪各栏的一般说明：

在第⑨—⑪各栏内填写事项时,可不受各栏间竖线的严格限制。但是,有关货物事项的填写顺序,应严格符合条例各项的排列顺序。填写全部事项时,如篇幅不足,应添附补充清单,并在有关栏内记载:"记载事项见补充清单"。

⑨记号、标记、号码

填写每件货物上的记号、标记、号码。

⑩包装种类

注明货物的包装种类(如"木箱、纸箱、铁桶"等);使用集装箱运送货物时,注明"集装箱"字样,并在下面用括号注明装入集装箱内货物的包装种类。

如货物运送时不需要容器或包装,并在托运时未加容器和包装,则应记载:"无包装"。

⑪货物名称

货物名称应符合《国际货协》第7条第8项的规定,包括:"危险货物须按《国际货协》附件第2号的规定:过境货物须按《统一货价》品名表的规定;其他货物或按运送该批货物适用的发送路、到达路或直通运价规程品名表的规定,或按贸易上通用的名称填写。"

⑫件数

注明一批货物的数量;使用集装箱运送货物,注明集装箱数,并在下面用括号注明装入所有集装箱内的货物总件数。

如用敞车类货车运送不盖篷布而未加封的货物,当总件数超过100件时,则注明"堆装"字样,不注明货物件数。

运送小型无包装制品时,亦注明"堆装"字样,不注明件数。

⑬发货人确定的重量(千克)

注明货物的总重量。用集装箱和托盘或使用其他运送用具运送货物时,注明货物重量、集装箱托盘或其他用具的自重和总重。对于大吨位集装箱,应分别记载每箱的货物重量、集装箱自重和总重。运送空集装箱时,记载集装箱自重。

⑭共计件数(大写)

用大写填写第⑫栏(件数)中所记载的件数,即货物件数或记载"堆装"字样,而发送集装箱货物时,注明第⑫栏括号中记载的装入集装箱内的货物总件数。

⑮共计重量(大写)

由发货人用大写填写⑬栏中所记载的总重量。

⑯发货人签字

发货人应签字证明列入运单中的所有事项正确无误。发货人的签字可用印刷的方法或加盖戳记办理。

⑰互换托盘

本栏的记载事项仅与互换托盘有关。注明托盘互换办法,并分别注明平式托盘和箱式托盘的数量。

⑱种类、类型

在发送集装箱货物时,应注明集装箱的种类和类型。使用运送工具时,应注明运送工具的种类。

⑲所属者及号码

运送集装箱时,应注明集装箱所属记号和号码。不属铁路的集装箱,应在号码之后注明大写拉丁字母"P"。

使用运送工具时,应注明运送工具可能有的所属记号和号码。不属铁路的运送工具,应注明字母"P"。

⑳发货人负担下列过境铁路的费用

注明根据《国际货协》第 15 条由发货人负担过境路费用的过境路简称。如发货人不负担任一过境路的费用,则发货人应记载"无"字样。

在数字编码栏内按照货物运送的先后顺序,填写发货人所指出的过境路的编码。

㉑办理种别

办理种别分为:整车、零担;大吨位集装箱。不需要者划掉。

㉒由何方装车

发货人应在运单该栏注明由谁装车。不需要者划掉。

㉓发货人添附的文件

注明发货人在运单上添附的所有文件。

㉔货物的声明价格(瑞士法郎)

用大写注明以瑞士法郎表示的货物价格。

㉕批号

填写货物批号。

㉖海关记载

本栏供海关记载之用。

第㉗—㉚栏的一般说明:

这些栏用于记载使用车辆的事项,只在运送整车货物时填写。是发货人还是铁路部门填写由何方装车而定。

㉗车辆

注明车种、车号和所属路简称。如车辆上无车种标记,则按发送路现行的国内规章填写车种。如车辆上有 12 位数码,则不填写上述事项,而应填写其全部数码。

㉛换装后的货物重量

货物换装后每辆车的货物重量应分别记载。

㉜铁路确定的重量(千克)

注明铁路确定的货物重量。

㉝—㊹数字编码栏

各栏供铁路记载事项之用。

㊺封印个数和记号

关于封印个数和记号,视何方施封而定由发站或发货人填写。填写车辆或集装箱上施加的封印个数和所有记号。

㊻发站日期戳

在货物承运后,发站在运单的所有各张和补充运行报单上加盖发站日期戳,作为签订运输合同的凭证。如承运的货物在发送前需要预先保管,则在发站日期戳下记载:×年×月 ×日签字证明。

㊼到站日期戳

填法类似于第㊻栏。

㊽确定重量方法

注明确定货物重量的方法,例如:"按标准重量"。

如由发货人确定重量,则发货人还应在本栏内注明关于确定货物重量的方法。

第㊾、㊿栏照实填写。

(4)国际铁路联运运单填写范例

制单资料:

卖方:SICHUAN HUIYUAN IMP AND EXP CO LTD

17F. GUOXING BUILDING,NO. 88 BABAO ROAD,CHENGDU,PR. CHINA 610031

四川汇源进出口公司

买方:MEKONG AUTO CORPORATION,COLOA AUTO PLANT

湄公汽车公司直属 COLOA 汽车厂

运输号码:FB08 - 0059

合同编号:HYCL0301

发站:CHENGDU DONG STATION 成都东站

到达路和到站:

YIEN VIEN STATION/VIETNAM 越铁/宏员

通过的国境站:

PINGXIANG - DONGDANG 凭祥—同登

车辆号:7623451

标记载重(吨):60 吨

记号、标记、号码:N/M

货物:

COMPLETE SETS OF ASSEMBLES CHUANLU AGRICUTURAL TRUCK WITH HY-DRAULIC SYSTEM 12 UNITS TYPE CGC4020CD 8 UNITS CGC5820CD

包装种类:BOXES

件数:696

发货人确定的重量(千克):57 000.00

发货人不负担过境铁路的费用

委托中外运凭祥公司办理转关

所属者及号码:P/TBJU9865731

办理种别:整车

由铁路装车

封印 1 个,记号:P13586

根据以上资料可填写表 7 - 2 所示的铁路运单。

表7－2

铁路运单正本
（给收货人）

㉕批号 （检查标签）	②运输号码 FB08－0059 合同编号 HYCL0301	
发送路 简称 中铁 ①	①发货人及通信地址 SICHUAN HUIYUAN IMP AND EXP CO LTD 17F. GUOXING BUILDING, NO.88 BABAO ROAD, CHENGDU, PR. CHINA 610031 四川汇源进出口公司	③发站 CHENGDU DONG 成都东站
		④发货人的特别声明 无
	⑤收货人及通信地址 MEKONG AUTO CORPORATION,COLOA AUTO PLANT 湄公汽车公司直属 COLOA 汽车厂	㉖海关记载 委托中外运凭祥公司办理转关
⑥对铁路无约束效力的记载		㉗车辆 ㉘标记载重（吨） ㉙轴数 ㉚自重 ㉛换装后的货物重量

⑦通过的国境站 PINGXIANG－DONGDANG 凭祥—同登	㉗	㉘	㉙	㉚	㉛
	7623451	60			
⑧到达路和到站 YIEN VIEN STATION/VIETNAM 越铁/宏员					

国际货协|运单 慢运	⑨记号、标记、号码 N/M	⑩包装种类 BOXES	⑪货物名称 COMPLETE SETS OF ASSEMBLES CHUANLU AGRICUTURAL TRUCK WITH HYDRAULIC SYSTEM 12UNTIS TYPE CGC4020CD 8UNITS CGC5820CD	㊿附件 第2号	⑫件数 696	⑬发货人确定的重量（千克） 57 000.00	㉜铁路确定的重量（千克）
⑭共计件数（大写） 陆佰玖拾陆件		⑮共计重量（大写） 伍万柒仟千克 集装箱/运送用具			⑯发货人签字		
⑰互换托盘		⑱种类 类型			⑲所属者及号码 P/TBJU9865731		

135

表7-2(续)

⑳发货人负担下列过境铁路的费用 无	㉑办理种别 整车　零担　大吨位集装箱		㉒由何方装车	
			发货人	铁路
	㉔货物的声明价格(瑞士法郎)			
	㊺封印		㉝	
			㉞	
			㉟	
㉓发货人添附的文件	个数1	记号 P13586	㊱	
			㊲	
			㊳	
			㊴	
㊻发站日期戳	㊼到站日期戳	㊽确定重量方法	㊾过磅站戳记,签字	㊵
				㊶
				㊷
				㊸
				㊹

3. 国际联运出口货物国境站交接的一般程序

国境站除办理一般车站的事务外,还办理国际铁路货物联运、车辆和列车与邻国铁路的交接、货物的换装或更换轮对、票据文件的翻译及货物运费用的计算与复核等项工作。现将出口货物在国境站交接的一般程序简述如下:

(1)出口国境站货运调度根据国内前方站列车到达预报,通知交接所和海关做好接车准备工作;

(2)出口货物列车进站后,铁路会同海关接车,并将列车随带的运送票据送交接所处理,货物列车接受海关的监督和检查;

(3)交接所实行联合办公,由铁路、海关、外运等单位参加,并按照业务分工,流水作业、协同工作。铁路主要负责整理、翻译运送票据,编制货物和车辆交接单,作为向临国铁路办理和我方车辆交接的原始凭证。外运公司主要负责审核货运单证,纠正出口货物单证差错,处理错发错运事故。海关则根据申报,经查验单、证、货相符,符合国家法令、政策的规定,即准予解除监督,验关放行。最后由双方铁路具体办理货物和车辆的交接手续,并签署交接证件。

4. 国际联运出口货物的交付

在出口货物装车发送并到达到站后,铁路应通知运单中所记载的收货人领取货物。在收货人付清运单中所记载的一切应付运送费用后,铁路必须将货物连同运单交付给收货人。收货人必须支付运送费用并领取货物。收货人只在货物毁损或腐烂而使质量发生变化,以致部分和我方全部货物不能按原用途使用时,才可以拒绝领取货物。收货人领取货物时,应在运行报单中填记货物领取日期,并加盖收货戳记。

(二)国际铁路货物联运进口货物运输

国际铁路联运进口货物的发运工作是联运进口货物的首要环节。该项工作由国外发货人根据合同规定向该国铁路车站办理。

根据《国际货协》规定,我国从有关参加《国际货协》国家的铁路联运进口货物,国外发货人向其铁路办理托运时,一切手续和规定均按《国际货协》和各国国内规章办理。

我国国内有关订货及运输部门对联运进口货物的运输工作主要包括:联运进口货物在发运前应编制运输标志,审核联运进口货物的运输条件,向国境站寄送合同资料,国境站的交接、分拨,进口货物交付给收货人以及运到逾期计算等工作。其流程如图7-2所示:

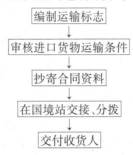

图7-2 国际铁路货物联运进口货物运输业务流程图

1. 联运进口货物运输标志的编制

运输标志又称唛头(Mark),一般印在货物外包装上,按照我国规定,联运进口货物在订货工作开始前,由经贸部统一编制向国外订货的代号,作为"收货人唛头",分别通知各订货部门时使用,各进出口公司必须按照统一规定的收货人唛头对外签订合同。

2. 审核联运进口货物的运输条件

联运进口货物的运输条件是合同中不可缺少的重要内容,因此必须认真审核,使之符合国际联运和国内有关规章所规定的条件。

具体审核内容主要包括:收货人唛头是否正确;商品品名是否准确具体;货物的性质和数量是否符合到站的办理种别;包装是否符合有关规定。

3. 向国境站寄送合同资料

合同资料是国境站核放货物的重要依据,各进出口公司在进行对外合同签字后,要及时将一份合同中文抄本寄给货物进口口岸的外运分支机构。对于由外运分支机构接受分拨的小额订货,必须抄寄合同的同时,按合同内容添附货物分类表。

合同资料包括:合同中的文本抄本和它的附件、补充书、协议书、变更申请书、更改书和有关确认函电等。

4. 联运进口货物在国境站的交接与分拨

联运进口货物的交接程序与出口货物的交接程序基本相同。其做法是:进口国境站根据临国国境站货物列车的预报和确报,通知交接所及海关做好到达站列车的检查准备工作。进口货物列车到达后,铁路会同海关接车,由双方铁路进行票据交接,然后将车辆交接单及随车带交的货运票据交交接所,交接所根据交接单办理货物车辆的现场交接。海关则对货物列车执行实际监管。

我国进口国境站交接所通过内部联合办公做好单据核放、货物报关验关工作,然后由铁路方负责将货物调往换装线,进行换装作业,并按流向编组向国内发运。

二、国际联运运送费用的计算

计算国际联运货物运送费用的主要依据是《统一货价》和国内的《铁路货物运价规

137

则》(以下简称《国内价规》)。《统一货价》是计算过境铁路运送费用的依据,《国内价则》是计算我国进出口货物从国境站(或发站)至到站(国境站)运送费用的依据。

国际联运货物运送费用包括运费、装卸费、口岸换装费、杂费、押运人乘车费和其他有关费用。

(一)计算国内段货物运输费用的程序

对于我国的国际联运进出口货物,国内段货物运输费用在《国内价规》查出运费率,程序如下:

(1)按《货物运价里程表》计算出发站至出口国境站间的运价里程,加上国境站至国境线间的距离。

(2)根据国际联运运单上填写的货物品名查找《铁路货物运输品名分类与代码表》,确定适用的运价号。在规定有特定运价时,按特定运价办理。

(3)整车和零担货物按适用的运价号,集装箱货物根据箱型,冷藏车货物根据车种分别在《铁路货物运价率表》中查出适用的发到基价和运行基价(见表7-3)。

表7-3 铁路货物运价率表

办理类别	运价号	基价1		基价2	
		单位	标准	单位	标准
整车	1	元/吨	4.60	元/吨千米	0.023 5
	2	元/吨	5.60	元/吨千米	0.027 3
	3	元/吨	6.70	元/吨千米	0.032 4
	4	元/吨	7.30	元/吨千米	0.034 8
	5	元/吨	8.30	元/吨千米	0.040 1
	6	元/吨	8.70	元/吨千米	0.043 1
	7	元/吨	11.60	元/吨千米	0.058 1
	8			元/轴千米	0.178 3
	冰保	元/吨	8.30	元/吨千米	0.046 6
	机保	元/吨	9.80	元/吨千米	0.068 6
零担	21	元/10千克	0.087	元/10千克千米	0.000 376
	22	元/10千克	0.104	元/10千克千米	0.000 449
	23	元/10千克	0.125	元/10千克千米	0.000 537
	24	元/10千克	0.150	元/10千克千米	0.000 642
集装箱	1吨箱	元/箱	7.40	元/箱千米	0.033 56
	10吨箱	元/箱	86.20	元/箱千米	0.391 04
	20英尺箱	元/箱	161.00	元/箱千米	0.730 40
	40英尺箱	元/箱	314.70	元/箱千米	1.430 90

注:整车货物每吨运价 = 基价1 + 基价2 × 运价千米

零担货物每10千克运价 = 基价1 + 基价2 × 运价千米

集装箱货物每箱运价 = 基价1 + 基价2 × 运价千米

整车农用化肥基价1为4.20元/吨、基价2为0.0213元/吨千米

（4）货物适用的发到基价，加上运价基价与货物的运价里程相乘之积，再与计费重量（集装箱为箱数）相乘，算出运费。

（二）国内铁路运费的计算公式

1. 国内铁路运费的计算公式

（1）基本费率的计算

①整车货物运费 $=\begin{cases}（发到基价 + 运行基价 × 运价里程）× 计费重量 \\ （运价基价 × 运价里程数）× 轴数\end{cases}$

其中：

每吨运价 = 发到基价 + 运行基价 × 运价里程

每轴运价 = 运行基价 × 运行里程

②零担货物运费 = 10kg 运价 × 计费重量 ÷ 10

其中：10kg 运价 = 发到基价 + 运行基价 × 运行里程

③集装箱运费 = 每箱运价 × 箱数

其中：每箱运价 = 发到基价 + 运行基价 × 运行里程

根据运费核算程序并综合运费计算公式，在计算运费时可用下述表达式：

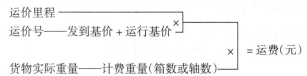

（2）加价程运费计算

例如京九线黄村至龙川、津霸线、横麻线需加收运费，因此运费由两部分组成：

①按《国内价规》规定的运价率核收的运费；

②加收运费的运价率。

计算时，先将这两部分的运价率相加，再乘以货物的计费重量，即：

发到运费 = 发到基价 × 计费重量（或箱数）

运行运费 = [（发到基价 + 运价基价 × 运价里程）× 计费重量] × (1 + 运费加价率)

（3）尾数处理

计算出的每批货物的运费尾数不是 1 角时，按四舍五入处理。

2. 整车货物的运费

（1）计费重量

整车货物的计费重量，以吨为单位，吨以下四舍五入。

（2）整车货物的计费重量

① 经铁路局批准使用矿石车、平车、沙石车装运分类表中"01""0310""04""06""081"和"14"类货物按 40 吨计费，超过时按货物实际重量四舍五入计费。

②使用标准低于 50 吨的自备罐车装运货物时，按 50 吨计费，使用自备保温车装运货物时，按 60 吨计算。

③标重不足 30 吨的家畜车，计费重量按 30 吨计算。

④铁路配发计费重量的火车代替托运人要求计费重量低的货车，如托运人无货加装，按托运人原要求车的计费重量计费。例如：托运人在某站托运化工机器设备一套，货物重 15.7 吨，托运人要求用 40 吨敞车装运，经调度命令确认以一辆 50 吨敞车代用，托运

人无货加装,则其计费重量按 40 吨计算。如有货物加装,如加装 5 吨,则加装后按 50 吨标重计费。

3. 零担货物的运费

(1)计费重量

零担货物的计费重量以 10kg 为单位,不足 10kg 进为 10kg,具体分三种情况计算重量。

① 按规定计费重量计费

零担货物有规定计费重量的货物,按规定计费重量计费。

②按货物重量计费

③按货物重量和折合重量择大计费

为保持零担货物运价与整车货物运价之间合理的比价关系,避免货物运输中发生运费倒挂、化整为零的现象,除前述两项特殊规定外,凡不足 300kg/立方米的轻泡零担货物均按其体积折合重量与货物重量择大确定计费重量。

折合重量 = 300 × 体积(kg)

货物长、宽、高的计算单位为米,小数后取两位小数(以下四舍五入)。体积的计算单位为立方米,保留两位小数,第三位小数四舍五入。

例如:某站发送一批零担货物,重 225 千克,体积为 0.82 立方米,在确定计费重量时,其折合重量 = 300 × 0.82 = 246 千克。因此计费重量应为 250 千克。

(2)零担货物运费计算

零担货物每批的起码运费,发到运费为 1.60 元,运行运费为 0.40 元。

运价率不同的零担货物在一个包装内或按总重量托运时,按该批或该项货物运价率高的计费。

4. 铁路货运杂费

杂费的种类如下:

(1)使用冷藏运输货物的杂费;

(2)使用铁路专用货车运输货物,除核收运费外,还应收取专用货车使用费;

(3)使用长大货物车(D 型车)运输货物的杂费;

(4)国际间不同轨距轨间整车货物直接运输的换装费;

(5)运输里程在 250 千米以上的货物,核收货车中转作业费;

(6)派有押运人押运的货物,该收押运人乘车费;

(7)承运人发现托运人匿报、错报货物品名填写运单,致使货物运价减收或危险货物匿报、错报货物品名按普通货物运输时,按此核收全程正当运费两倍的违约金,不另收运费差额。

其他费用包括:

(1)铁路建设基金;

(2)铁路电气化附加费;

(3)新路新价均摊运费;

(4)加价运费、印花税。

5. 计算实例

一整车(60 吨)机械设备货物(本项设备为超限超高货物)从胶州运到阿拉山口,计算它的运费。

(1)整车(按标记载重60吨)货物每吨运价=发到基价+运行基价×运价千米。机械设备为8号运价,8号运价的发到基价为￥10.70/T,运行基价为￥0.049/T.KM,全部运价里程为4 770千米,减去北疆里程460千米,等于4 310千米。本项设备为超限货物,又因重心位置超高,所以运费加价150%。

运费(胶州—乌鲁木齐西)计算:

(10.7×60+0.049×4 310×60)×(1+1.5)=￥33 283.5

(2)北疆铁路(乌鲁木齐西—阿拉山口)为地方合资铁路,运价里程为460千米,享有单独运价,为￥92/T。

92×60=￥5 520

(3)铁路建设基金核收

所有在国铁上行驶的车辆货物,均应核收铁路建设基金,整车货物核收￥0.033/T.KM。

北疆铁路实行特种运价,不再核收建设基金。

0.033×4 310×60=￥8 533.80

(4)新路新价均摊运费核收

国家规定:对新路新价均摊收费,整车货物核收￥0.0011/T.KM。

虢镇—迎水桥为核收均摊运费的运营线,里程为502千米。

0.0011×502×60≈￥33.13

(5)铁路电气化附加费

国家对于电气化铁路实施核收电气化附加费,即按所经径路的电气化铁路里程核收。整车货物的电气化附加费为￥0.012/T.KM。

本路径中有电气化铁路6段,共628千米。

0.012×628×60=￥452.16

所以,本票货物的运费总额合计为:

￥33 283.5+￥5 520+￥452.16+￥33.13+￥8 533.80=￥47 822.59

(三)过境运送费用的计算

1.计算过境运送费用的程序

国际铁路联运货物运杂费按照《统一货价》计算,计算程序如下:

(1)在《统一货价》"过境里程表"中分别查找运送货物所通过各个国家铁路的过境里程。

(2)在《统一货价》"货物品名和分等表"中,确定所运货物适用的运价等级和计费重量标准。

(3)在《统一货价》"通过参加统一货价铁路慢运货物运费计算表"中,根据运价等级和各过境运送里程,找出相应的运价率。在此表中,1等、2等货物系每100千克的运费;3等为自轮运转货物,系指每轴的运费。货币以分为单位,每100分合1瑞士法郎(见表7-4)。

141

表 7 - 4　　　　　　　通过参加统一货价铁路慢运货物运费计算表

里程	1 级	2 级	3 级	里程	1 级	2 级	3 级
405—414	189	95	2 024	1 055—1 064	489	246	5 232
415—424	194	98	2 073	1 065—1 074	494	248	5 282
425—434	198	99	2 123	1 075—1 084	498	251	5 331
435—444	203	102	2 172	1 085—1 094	503	252	5 381
445—454	207	104	2 223	1 095—1 104	507	255	5 430
455—464	212	107	2 271	1 105—1 114	512	257	5 480
465—474	216	108	2 321	1 115—1 124	516	260	5 529
475—484	221	111	2 370	1 125—1 134	521	261	5 579
485—494	225	113	2 420	1 135—1 149	527	264	5 639
495—504	230	115	2 469	1 150—1 249	554	278	5 925
505—514	234	117	2 519	1 250—1 349	599	300	6 417
515—524	239	120	2 568	1 350—1 449	647	323	6 911
525—534	246	122	2 618	1 450—1 549	692	347	7 406
535—544	251	125	2 667	1 550—1 649	738	369	7 898
545—554	255	126	2 717	1 650—1 749	783	392	8 391
555—564	260	129	2 766	1 750—1 849	831	414	8 886
565—574	264	131	2 813	1 850—1 949	876	440	9 378
575—584	269	134	2 862	1 950—2 049	923	462	9 873
585—594	273	135	2 912	2 050—2 149	968	485	10 367
595—604	278	138	2 961	2 150—2 249	1 013	507	10 859
605—614	282	140	3 011	2 250—2 349	1 061	530	11 354
615—624	287	143	3 060	2 350—2 449	1 106	554	11 847
625—634	291	144	3 110	2 450—2 549	1 152	576	12 342
635—644	296	149	3 159	2 550—2 649	1 197	599	12 834
645—654	300	152	3 209	2 650—2 749	1 245	621	13 328
655—664	302	153	3 258	2 750—2 849	1 290	647	13 823
665—674	309	156	3 308	2 850—2 949	1 337	669	14 315
675—684	314	158	3 357	2 950—3 049	1 382	692	14 808
685—694	318	161	3 407	3 050—3 149	1 430	714	15 303
695—704	323	162	3 456	3 150—3 249	1 475	738	15 795

表 7 - 4(续)

里程	1 级	2 级	3 级	里程	1 级	2 级	3 级
705—714	327	165	3 506	3 250—3 349	1 521	761	16 290
715—724	333	167	3 555	3 350—3 449	1 566	783	16 784
725—734	336	170	3 603	3 450—3 549	1 614	806	17 276
735—744	342	171	3 653	3 550—3 649	1 659	813	17 771
745—754	347	174	3 702	3 650—3 749	1 706	854	18 264
755—764	351	176	3 752	3 750—3 849	1 751	876	18 756
765—774	356	179	3 801	3 850—3 949	1 799	899	19 251
775—784	350	180	3 851	3 950—4 049	1 844	923	19 745
785—794	365	183	3 900	4 050—4 149	1 889	945	20 245
795—804	369	185	3 950	4 150—4 249	1935	968	20 732
805—814	374	188	3 999	4 250—4 349	1 980	990	21 225
815—824	378	189	4 049	4 350—4 449	2 028	1 013	21 720
825—834	383	192	4 098	4 450—4 549	2 073	1038	22 212
835—844	387	194	4 148	4 550—4 649	2 120	1 061	22 706
845—854	392	197	4 197	4 650—4 749	2 165	1 083	23 201
855—864	396	198	4 247	4 750—4 849	2 213	1 106	23 693
865—874	401	201	4 296	4 850—4 949	2 258	1 130	24 188
875—884	405	203	4 346	4 950—5 049	2 304	1 152	24 681
885—894	410	206	4 392	5 050—5 149	2 349	1 175	25 173
895—904	414	207	4 442	5 150—5 249	2 397	1 197	25 668
905—914	419	210	4 491	5 250—5 349	2 442	1 223	26 162
915—924	423	212	4 541	5 350—5 449	2 489	1 245	26 657
925—934	428	215	4 590	5 450—5 549	2 534	1 268	27 149
935—944	432	216	4 640	5 550—5 649	2 582	1 290	27 642
945—954	440	219	4 689	5 650—5 749	2 627	1 314	28 137
955—964	444	221	4 739	5 750—5 849	2 673	1 337	28 629
965—974	449	224	4 788	5 850—5 949	2 718	1 359	29 123
975—984	453	255	4 838	5 950—6 049	2 766	1 382	29 618
985—994	458	228	4 887	6 050—6 249	2 822	1 412	30 234
995—1 004	462	230	4 937	6 250—6 400	2 903	1 452	31 098

表 7 - 4(续)

里程	1 级	2 级	3 级	里程	1 级	2 级	3 级
1 005—1 014	467	233	4 986	6 401—6 600	2 996	1 497	32 085
1 015—1 024	471	234	5 036	6 601—6 800	3 087	1 544	33 071
1 025—1 034	476	237	5 085	6 801—7 000	3 180	1 589	34 059
1 035—1 044	480	239	5 135	7 001—7 200	3 272	1 637	35 046
1 045—1 054	485	242	5 183	7 201—7 400	3 365	1 682	36 035

注:1、2级的单位为分/100千克;3级的单位为分/轴。

2. 过境运输费用计算和核收应注意的问题

(1)《统一货价》对过境货物运费的计算,是以慢运整车货物的运费额为基础,按快运办理的货物和随旅客列车挂运的整车货物、零担货物,则按上述办法计算出运费后,再分别乘以100%、200%、50%加成率,即为该批货物的过境运费。超限货物加成100%。

(2)整车货物按照货物实际重量计算,但不得少于规定的计费重量:1等货物——20吨,2等货物——30吨。例如,焦炭在货物品名表中属于第27类4项,过境运价等级为2级,计费重量为16吨;如果实际装载货物35吨,则计算重量为35吨;如果实际装载货物15吨,则计算重量为30吨。

(3)如果在货物品名分等表中"计费重量标准"栏内记载为"标重",则运费按货物实际重量(但不得少于发送路车站所拨给的车辆标准载重量)计算核收。标准重量即车辆上标记的载重量。如果车辆上有两个标记,则以较少的载重量作为标准载重量。

(4)如果所拨给的车辆的载重量少于货物分类表所载的计费重量标准,则运费按实际重量(但不得少于所拨给的车辆标准重量)计收。

(5)如果在国境站将规定按车辆载重量(标准)计算的货物,从一种轨距的一辆或数辆车换装到另一种轨距的一辆或数辆车内,并且接送车辆的载重量少于发站车站所拨给的一辆或数辆的载重量,则运费按照换装后的一辆或数辆车的总载重量计收。

(6)零担货物按照货物的实际重量计算。但如果数种货物包装为一件,则根据总重量和其中最高运价等级的费率加50%计算。

(7)对于国际联运运费的计算与核收,由于各国计算、收费的变化,特别是由参加国的货运代理(或运费代理)与货主结算,在实际操作中所产生的各种杂费与实际运费出入较大。如到俄罗斯的运输税占代理保价的很大比例,特别是过境中亚到西欧的货物,甚至按货值比例收运输过境税,其总杂费与运费不相上下,甚至高于运费。

3. 计算公式

过境里程 运价等级 → 货物运价率 × 计费重量 = 基本运费额 × 加成率 = 总运费

4. 计算举例

蒙古国一公司从日本购买了一批重58吨的钢管,从日本经过海运到我国天津新港,

然后过境中国铁路从二连站运到蒙古。此批货物按装一个敞车运送,通过我国铁路的过境运送费用为:

天津新港至二连站的过境运价里程为993千米,钢管为37类1级,按实际重量计算。运价率为4.58瑞士法郎/100千克。

运费=4.58×58 000÷100×0.5=1 328.2瑞士法郎(整车货物一等的计算系数为0.5)

折合人民币=5.2×1 328.2=6 906.64(元)

以上费用仅为铁路过境运费,未包括港口作业费、车站杂费及装卸费、关检费、口岸建设费以及其他代理费或相关费用。

货物换装在蒙古国扎门乌德站进行,故未包括换装费。如从蒙古国进入过境中国铁路到港口或国境站,应计算在二连站的换装作业费。

第二节　国际多式联运业务流程

一、概述

(一)概念

一般而言,国际多式联运是指按照国际多式联运合同,以至少两种不同的运输方式,由多式联运经营人将货物从一国境内接管货物的地点运至另一国境内指定交货地点。为履行单一方式货物运输合同所规定的货物接送业务,则不应视为国际多式联运。

(二)特点

国际多式联运具有以下特点:

(1)国际多式联运全程运输中至少是两种不同运输方式的国际间连贯运输;

(2)发货人与多式联运经营人之间必须有一份多式联运合同;

(3)国际多式联运必须使用一份包括全程的多式联运单据,并按单一运费率计收全程运费;

(4)国际多式联运必须由一个多式联运经营人对货物运输的全程负责;

(5)国际多式联运在运输过程中一般以集装箱作为运输的基本单元,现代集装箱运输与国际多式联运的发展紧密相连。

(三)多式联运主要业务及程序

多式联运经营人从事多式联运业务时,大致经过以下业务环节:接受多式联运申请,订立多式联运合同──空箱发放、提取及运输──出口报关──货物装箱及接受货物──向实际承运人订舱及安排货物运送──办理货物保险──签发多式联运提单,组织完成货物的全程运输──办理运输过程中的海关业务──货物交付──货物事故处理等。

国际多式联运的基本方式有多种,我们在这里主要学习和把握海铁联运。

二、海铁联运业务流程

海铁联运涉及的政府部门和企事业单位较多,其操作流程如图7-3所示:

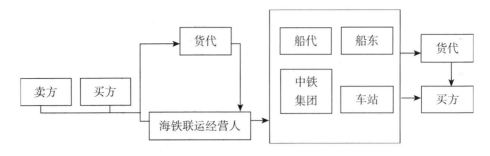

图 7 - 3　海铁联运流程图

（一）卖方向货代提出运输委托

买卖双方在签订贸易合同后，如果运输条款规定由卖方负责运输安排，则卖方在备好货后，向货运代理提出运输委托；如果运输条款规定由买方负责运输安排，则此项工作由买方负责。

通常情况下，卖方或买方还可以委托货运代理办理报关、报验等手续。

（二）货运代理向海铁联运经营人进行运输委托

货运代理在确认卖方运输委托之后，书面向海铁联运经营人进行委托，填写海铁联运托运单。委托后，货运代理需按照海铁联运经营人的要求将货物运到指定的铁路货运站，海铁联运经营人在现场或委托货运站核对货物收货。

（三）海铁联运经营人履行运输责任

海铁联运经营人同铁路运输公司和船公司或其代理分别签署合同，并做好有关衔接安排，保证货物及时运到海运提单列明的交货地点。

（四）海铁联运经营人做好进口安排

在货物抵达港口之前，海铁联运经营人根据海运提单向船公司咨询货物到港的确切时间，提前做好货物抵港的准备工作。如果货物的最终目的地是港口，海铁联运经营人应凭借海运提单将货物及时运到自己海关监管的集装箱堆厂，通知买方及时提货。如果货物的最终目的地是内陆，海铁联运经营人应及时办理转关手续。

（五）办理提货手续

买方在收到海铁联运经营人的提货通知后，可委托进口地的货运代理到海铁联运公司办理提货手续，但买方须提供全部有效单据，包括贸易合同、商业发票、各种检验证书、提单正本等。

以上是通常情况下海铁联运货物的全部过程。但在实际业务中，货运代理、船公司、铁路运输公司常常充当海铁联运经营人。如果货运代理作为海铁联运经营人，实际业务流程表现为"卖方——海铁联运经营人——买方"；如果由船公司或铁路运输公司充当海铁联运经营人，实际业务流程表现为"卖方——货运代理——海铁联运经营人——货运代理——买方"。

三、海铁联运的进出口业务及程序

因现在国际多式联运在运输过程中一般以集装箱作为运输的基本单元，因此接下来重点介绍国际集装箱海铁（或铁海）联运的进出口业务及程序。

（一）国际集装箱铁海多式联运出口业务程序

以下为 CIF 条件下国际集装箱铁海多式联运出口业务基本程序，如图 7 - 4 所示：

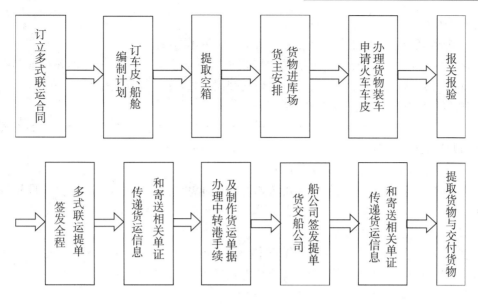

图 7 - 4　集装箱铁海多式联运出口业务基本程序

1. 接受托运申请,订立多式联运合同

内地托运人向多式联运经营人或其在内地口岸代理申请订舱,多式联运经营人或其在内地口岸代理根据货方提出的订舱申请并结合自己的运输路线等情况订立多式联运合同。

2. 编制计划,向铁路部门、船公司订车、订舱

多式联运经营人或其代理在合同订立后,根据运输任务,编制月计划和日计划,按时向铁路部门申报订车计划,向船公司订舱,并通知托运人安排货运事宜。

3. 提取空箱

除货主自备箱外,实际业务中大多使用多式联运经营人的箱子或船公司的箱子。多式联运经营人应根据实际装箱的地点和空箱存放情况确定提取空箱的方式。

4. 货主安排货物进库场

在收到进货信息后,对于装箱点装箱的货物,货主自行或委托代理安排汽车等运输工具将货运至装箱点,以便装箱点装箱。

5. 申请火车车皮,办理货物装车

多式联运经营人或其代理根据日计划,填写铁路运单,向铁路部门申请车皮,办理集装箱装车事宜。

6. 报关报验

多式联运经营人根据托运人交付的托运书、买卖合同、发票等报关单证,在内地口岸海关办理转关运输,取得海关批准后,将海关关封交付铁路部门。

7. 签发全程多式联运提单

内地口岸托运人根据多式联运经营人的指示将货物交付铁路部门并装上铁路集装箱专列后,多式联运经营人或其代理签发多式联运提单交付托运人。

8. 传递货运信息和寄送相关单证

多式联运经营人内地代理应将铁路运单正本等相关单证寄送多式联运经营人中转港代理,将多式联运提单副本寄送多式联运经营人或其目的港代理,同时还应向有关方

传递有关集装箱班列等相关信息。

9. 办理货物在中转港的海关手续及制作货运单据

多式联运经营人中转港代理根据内地代理提供的信息和收到的运单等单证制作出口单证,并办理海关手续,将海关放行单证送交码头,以便接货及装船。

10. 货交船公司,船公司签发提单

多式联运经营人海运出口地将海关放行的集装箱装上指定船舶后,船公司签发海运提单,以便多式联运经营人能在目的港凭此提取货物。

11. 传递货运信息和寄送相关单证

多式联运经营人中转港代理应将船舶的动态通知给多式联运经营人、多式联运经营人下一港代理、内地托运人,同时将提单等相关单证寄送下一港代理,以便凭此提货。

12. 提取货物与交付货物

多式联运经营人目的港代理凭借正本提单从承运人或其代理处提取货物,并根据收货人交付的正本多式联运提单将集装箱交付收货人。

(二)国际集装箱海铁联运的进口业务程序

以下为 FOB 条件下国际集装箱海铁联运进口业务基本程序,如图 7-5 所示:

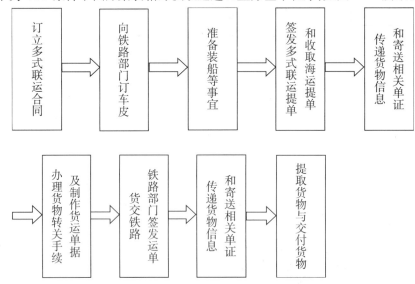

图 7-5 集装箱海铁多式联运进口业务基本程序

1. 接受托运申请,订立多式联运合同

收货人向多式联运经营人或其内地口岸的代理申请订舱,多式联运经营人或其内地口岸的代理根据货方提出的订舱申请并结合自己的运输路线等情况,订立多式联运合同。

2. 向铁路部门、船公司订车皮、订舱

多式联运经营人或其代理人在合同订立后,分别向船公司和铁路部门申请订舱、订车。

3. 收货人通知托运人准备集装箱装船等事宜

收货人根据从多式联运经营人处获得的信息,及时通知托运人安排货物交付多式联运经营人在装运港的代理或多式联运经营人指定的船公司。

4. 签发全程多式联运提单和收取海运提单

托运人将海关放行的集装箱交付多式联运经营人装港代理,或根据其指示交付指定的船公司,多式联运经营人或其代理应向托运人签发全程多式联运提单。同时,多式联运经营人装港代理应缮制场站收据、提单等,并将集装箱交付船公司或其代理,船公司应向其签发海运提单。

5. 传递货物信息和寄送相关单证

多式联运经营人装港代理应将多式联运提单副本寄交多式联运经营人或其目的地代理,将海运提单寄送多式联运经营人中转港代理,并向有关方传递船舶动态等信息。

6. 办理货物在中转港的转关手续及制作货运单据

多式联运经营人中转港代理根据上一港代理提供的有关信息和收到的提单等单证制作铁路运单,并办理海关转关手续,将海关放行单证送交码头,以便货物装箱。

7. 货交铁路,铁路部门签发运单

多式联运经营人中转港代理将海关放行的集装箱装上指定的火车后,铁路部门签发铁路运单,以便多式联运经营人在目的地提箱。

8. 传递货物信息和寄送相关单证

多式联运经营人中转港代理应将铁路集装箱班列的动态向多式联运经营人、多式联运经营人目的地代理、收货人报告,以便有关方了解班列动态,同时将运单寄送目的地代理,以便提货。

9. 办理海关手续,提取货物与交付货物

多式联运经营人目的地代理凭加盖海关放行章的运单,从承运人或其代理人处提取货物,并根据收货人交付的正本多式联运提单将集装箱交付收货人。

149

第三节 技能训练

1. 从成都运服装一批经二连浩特到乌兰巴托,分组模拟国际铁路货物联运出口货运代理业务流程。熟悉各流程,写出所需货运单证,画出流程图。

2. 从朝鲜平壤运机械设备一台经新义州/丹东到沈阳,分组模拟国际铁路货物联运进口货运代理业务流程。熟悉各流程,写出所需货运单证,画出流程图。

3. 从西安经连云港用海铁联运把货物运往旧金山,分组模拟国际海铁联运出口业务程序。熟悉各流程,画出流程图。

4. 从新加坡经广州用海铁联运把货物运往长沙,分组模拟国际海铁联运进口业务程序。熟悉各流程,画出流程图。

5. 根据下列资料正确缮制国际铁路联运运单。制单资料如下:

卖方:CHINA RAILWAY INTERNATIONAL FREIGHT AGENCY CO. CHENGDU BRANCH

186 NO. BINGANREESD MIANYANG,CHINA

中铁货代成都分公司代长虹

买方:JV ROISON ELECTRONICS CO 罗伊逊电子合资有限公司

PT 700208 ISLOMA USMANOVA ST,71A,TASHKENT,UZBEKISTAN

乌兹别克斯坦,塔什干,伊斯罗马,乌斯马诺瓦 71 号 PT:700208

TEL:00998 - 71 - 1441922

FAX:00998 - 71 - 1448336

运输号码:FB08 - 0069　合同编号:20005022189 - 007

发站:MIANYANG,CHINA 中国　绵阳站

到达路和到站:

UZB/CHUKUSAY STATION　　　乌铁/克索伊站

通过的国境站:

ALASHANKOU/DRUZHBA　　阿拉山口/德鲁日巴

车辆号:C4880648

标记载重(吨):60 吨

记号、标记、号码:CT NO. :

TBJU7135940

（SOC）

货物:

SF CRT21 SAMSUNG(SIMPLE)

FRONT COVER FOR CTV 21"

BACK COVER FOR CTV21"

H. S:854011150　852990590 彩电

包装种类:40"FCL　40 尺集装箱

件数: 352

发货人确定的重量(千克):8 448.00KGS　　3 800.00KGS

发货人不负担过境铁路的费用

口岸委托阿拉山口捷安物流公司公司办理转关

所属者及号码:P/TBJU7135940

办理种别:整车

由铁路装车

封印 1 个,记号:F267211

发货人添附的文件:发票一份、箱单一份、明细单一份

6. 计算国际铁路联运运费:

(1)一韩商从俄罗斯进口 180 吨焦炭,经满洲里到青岛,再用海运运到东京,试计算在中国的过境运费。（注:从《统一货价》中查出满洲里经青岛的过境运价里程为 2 986km。焦炭在货物品名表中属于第 27 类 4 项,过境运价等级为 2 级,每车计费重量 60 吨,口岸建设费 10 元/吨）

(2)从长春发送机器一台经国境站图们到平壤,货物重 46 吨,用 50 吨货车装运,计算运费。（从《国内价规》中查出长春到图们运价里程为 527km。机器的运价号为 8 号。根据运价率表,运价号为 8 号的货物发到基价为 10.7 元/吨,运行基价为 0.049 元/吨千米）

参考文献

1. 刘树密. 国际货运代理[M]. 南京:东南大学出版社,2004.

2. 孟祥年. 国际贸易实务操作教程[M]. 北京:对外经济贸易出版社,2002.

3. 张建华. 国际贸易实务模拟[M]. 北京:高等教育出版社,2002.

4. 中国国际货运代理协会. 国际海上货运代理理论与实务[M]. 北京:中国商务出版社,2005.

5. 中国国际货运代理协会. 国际航空货运代理理论与实务[M]. 北京:中国商务出版社,2005.

6. 中国国际货运代理协会. 国际多式联运与现代物流理论与实务[M]. 北京:中国商务出版社,2005.

7. 张清,杜扬. 国际物流与货运代理[M]. 北京:机械工业出版社,2004.

8. 周树玲. 外贸单证实务[M]. 北京:对外经济贸易大学出版社,2002.

9. 王韶矞. 国际货物运输与保险[M]. 北京:对外经济贸易大学出版社,2003.

10. 杨长春. 国际货物运输[M]. 北京:中国对外经济贸易出版社,1999.

11. 张卿. 国际贸易实务[M]. 北京:对外经济贸易大学出版社,2002.

12. 杨占林. 国际物流铁路运输操作实务[M]. 北京:中国商业出版社,2004.

13. 杨占林. 国际物流海运操作实务[M]. 北京:中国商业出版社,2004.

14. 姚大伟. 国际贸易运输实务[M]. 北京:中国对外经济贸易出版社,2002.

15. 罗来仪,李乃军. 对外贸易业务问题集解[M]. 北京:对外经济贸易大学出版社,2001.

16. 余心之. 新编外贸单证实务[M]. 北京:对外经济贸易大学出版社,2005.

17. 余世明. 国际货运代理资格考试辅导[M]. 广州:暨南大学出版社,2005.

18. 李秀华. 国际货物运输实训[M]. 北京:对外经济贸易大学出版社,2003.

19. 杨占林. 国际物流空运操作实务[M]. 北京:中国商务出版社,2004.